SIGMUND FREUD

O mal-estar na cultura

Tradução do alemão de Renato Zwick

Revisão técnica e prefácio de Márcio Seligmann-Silva

Ensaio biobibliográfico de Paulo Endo *e* Edson Sousa

2ª edição revisada

www.lpm.com.br

L&PM POCKET

Coleção **L&PM** POCKET, vol. 850

Texto de acordo com a nova ortografia.
Título original: *Das Unbehagen in der Kultur*

Primeira edição na Coleção **L&PM** POCKET: fevereiro de 2010
Segunda edição revisada: janeiro de 2015
Esta reimpressão: janeiro de 2023

Tradução: Renato Zwick
O tradutor agradece ao Europäisches Übersetzer-Kollegium (Straelen, Alemanha) pela bolsa de estadia concedida em 2008, quando da realização do presente trabalho.
Revisão técnica e prefácio: Márcio Seligmann-Silva
Ensaio biobibliográfico: Paulo Endo e Edson Sousa
Preparação: Caroline Chang
Revisão: Patrícia Yurgel e Lia Cremonese
Capa: Ivan Pinheiro Machado. *Foto*: Sigmund Freud (1921). Akg-Images/ Latinstock

CIP-Brasil. Catalogação na fonte
Sindicato Nacional dos Editores de livros, RJ

F942m

Freud, Sigmund, 1856-1939
O mal-estar na cultura / Sigmund Freud; tradução de Renato Zwick; revisão técnica e prefácio de Márcio Seligmann-Silva; ensaio biobibliográfico de Paulo Endo e Edson Sousa. – 2 ed. – Porto Alegre, RS: L&PM, 2023.
192p. – (Coleção L&PM POCKET; v. 850)

Tradução de: *Das Unbehagen in der Kultur*
Inclui bibliografia
ISBN 978-85-254-1997-2

1. Psicanálise e cultura. 2. Psicologia social 3. Civilização. I. Zwick, Renato. II. Seligmann-Silva, Márcio. III. Endo, Paulo Cesar, 1965-. IV. Sousa, Edson Luiz André de, 1959-. V. Título. VI. Série.

10-0416. CDD: 150.1952
CDU: 159.964.2

Rua Comendador Coruja, 314, loja 9 – Floresta – 90.220-180
Porto Alegre – RS – Brasil / Fone: 51.3225.5777

PEDIDOS & DEPTO. COMERCIAL: vendas@lpm.com.br
FALE CONOSCO: info@lpm.com.br
www.lpm.com.br

Impresso no Brasil
Verão de 2023

O mal-estar na cultura

Colaboradores desta edição:

Renato Zwick é bacharel em filosofia pela Unijuí. É tradutor de Nietzsche (*O anticristo*, L&PM, 2008; *Crepúsculo dos ídolos*, L&PM, 2009; e *Além do bem e do mal*, L&PM, 2008), de Rilke (*Os cadernos de Malte Laurids Brigge*, L&PM, 2009), e cotradutor de Thomas Mann (*Ouvintes alemães!: discursos contra Hitler (1940-1945)*, Jorge Zahar, 2009).

Márcio Seligmann-Silva é doutor pela Universidade Livre de Berlim, pós-doutor por Yale, professor de Teoria Literária na UNICAMP e pesquisador do CNPq. É autor de *Ler o livro do mundo* (Iluminuras/FAPESP, 1999), *Adorno* (PubliFolha, 2003), *O local da diferença* (Editora 34, 2005; prêmio Jabuti 2006) e *Para uma crítica da compaixão* (Lumme, 2009), além de organizador de diversos livros. Traduziu obras de Lessing (*Laocoonte*, Iluminuras, 1998), Benjamin (*O conceito de crítica de arte no romantismo alemão*, Iluminuras, 1993) e Habermas, entre outros.

Paulo Endo é psicanalista e professor do Instituto de Psicologia da USP, com mestrado pela PUC-SP, doutorado pela USP e pós-doutorado pelo Centro Brasileiro de Análise e Planejamento/CAPES. É pesquisador-colaborador do Laboratório de Pesquisa em Psicanálise, Arte e Política da UFRGS e do Laboratório Interdisciplinar de Pesquisa e Intervenção Social da PUC-Rio. É autor de *A violência no coração da cidade* (Escuta/Fapesp, 2005; prêmio Jabuti 2006) e *Sigmund Freud* (com Edson Sousa; L&PM, 2009), e organizador de *Novas contribuições metapsicológicas à clínica psicanalítica* (Cabral Editora, 2003).

Edson Sousa é psicanalista, membro da Associação Psicanalítica de Porto Alegre. É formado em psicologia pela PUC-RS, com mestrado e doutorado pela Universidade de Paris VII, e pós-doutorado pela Universidade de Paris VII e pela École des Hautes Études en Sciences Sociales de Paris. Pesquisador do CNPq, leciona nas pós-graduações em Psicologia Social e em Artes Visuais da UFRGS, onde coordena, com Maria Cristina Poli, o Laboratório de Pesquisa em Psicanálise, Arte e Política. É autor de *Freud* (Abril, 2005), *Uma invenção da utopia* (Lumme, 2007) e *Sigmund Freud* (com Paulo Endo; L&PM, 2009), além de organizador de *Psicanálise e colonização* (Artes e Ofícios, 1999) e *A invenção da vida* (com Elida Tessler e Abrão Slavutzky; Artes e Ofícios, 2001).

Sumário

Itinerário para uma leitura de Freud

Paulo Endo e Edson Sousa

Freud não é apenas o pai da psicanálise, mas o fundador de uma forma muito particular e inédita de produzir ciência e conhecimento. Ele reinventou o que se sabia sobre a alma humana (a psique), instaurando uma ruptura com toda a tradição do pensamento ocidental, a partir de uma obra em que o pensamento racional, consciente e cartesiano perde seu lugar exclusivo e egrégio. Seus estudos sobre a vida inconsciente, realizados ao longo de toda a sua vasta obra, são hoje referência obrigatória para a ciência e para a filosofia contemporâneas. A sua influência no pensamento ocidental é não só inconteste, como não cessa de ampliar seu alcance, dialogando com e influenciando as mais variadas áreas do saber, como a filosofia, as artes, a literatura, a teoria política e as neurociências.

Sigmund Freud (1856-1939) nasceu em Freiberg (atual Příbor), na região da Morávia, hoje parte da República Tcheca, mas àquela época parte do Império Austríaco. Filho de Jacob Freud e de sua terceira esposa, Amália Freud, teve nove irmãos, dois do primeiro casamento do pai e sete do casamento entre seu pai e sua mãe. Sigmund era o filho mais velho de oito irmãos e era sabidamente adorado pela mãe, que o chamava de "meu Sigi de ouro".

Em 1860, Jacob Freud, comerciante de lãs, mudou-se com a família para Viena, cidade onde Sigmund Freud residiria até quase o fim da vida, quando teria de se exilar em Londres, fugindo da perseguição nazista. De família pobre, formou-se em medicina em 1882. Devido a problemas financeiros, decidiu ingressar imediatamente na clínica médica em vez de se dedicar à pesquisa, uma de suas grandes paixões. À medida que se estabelecia como médico, pôde pensar em propor casamento para Martha Bernays. Casaram-se em 1886 e tiveram seis filhos: Mathilde, Martin, Oliver, Ernst, Sophie e Anna.

Embora o pai tenha lhe transmitido os valores do judaísmo, Freud nunca seguiu as tradições e os costumes religiosos; ao mesmo tempo, nunca deixou de se considerar um homem judeu. Em algumas ocasiões, atribuiu à sua origem judaica o fato de resistir aos inúmeros ataques que a psicanálise sofreu desde o início (Freud aproximava a hostilidade sofrida pelo povo judeu ao longo da história às críticas virulentas e repetidas que a clínica e a teoria psicanalíticas receberam). A psicanálise surgiu afirmando que o inconsciente e a sexualidade eram campos inexplorados da alma humana, onde repousava todo um potencial para uma ciência ainda adormecida. Freud assumia, assim, seu propósito de remar contra a maré.

Médico neurologista de formação, foi contra a própria medicina que Freud produziu sua primeira ruptura epistêmica. Isto é: logo percebeu que as pacientes histéricas, afligidas por sintomas físicos sem causa aparente, eram, não raro, tratadas com indiferença médica e negligência no ambiente hospitalar. A histeria pedia, portanto, uma nova inteligibilidade, uma nova ciência.

A característica, muitas vezes espetacular, da sintomatologia das pacientes histéricas de um lado e, de outro, a impotência do saber médico diante desse fenômeno impressionaram o jovem neurologista. Doentes que apresentavam paralisia de membros, mutismo, dores, angústia, convulsões, contraturas, cegueira etc. desafiavam a racionalidade médica, que não encontrava qualquer explicação plausível para tais sintomas e sofrimentos. Freud então se debruçou sobre essas pacientes; porém, desde o princípio buscava as raízes psíquicas do sofrimento histérico e não a explicação neurofisiológica de tal sintomatologia. Procurava dar voz a tais pacientes e ouvir o que tinham a dizer, fazendo uso, no início, da hipnose como técnica de cura.

Em 1895, é publicado o artigo inaugural da psicanálise: *Estudos sobre a histeria*. O texto foi escrito com o médico Josef Breuer (1842-1925), o primeiro parceiro de pesquisa de Freud. Médico vienense respeitado e erudito, Breuer reconhecera em Freud um jovem brilhante e o ajudou durante anos, entre 1882 e 1885, inclusive financeiramente. *Estudos sobre a histeria* é o único material que escreveram juntos e já evidencia o distanciamento intelectual entre ambos. Enquanto Breuer permanecia convicto de que a neurofisiologia daria sustentação ao que ele e Freud já haviam observado na clínica da histeria, Freud, de outro modo, já estava claramente interessado na raiz sexual das psiconeuroses – caminho que perseguiu a partir do método clínico ao reconhecer em todo sintoma psíquico uma espécie de hieróglifo. Escreveu certa vez: "O paciente tem sempre razão. A doença não deve ser para ele um objeto de desprezo, mas ao contrário, um adversário respeitável, uma parte do seu ser que tem boas razões de existir e que lhe deve permitir obter ensinamentos preciosos para o futuro."

Em 1899, Freud estava às voltas com os fundamentos da clínica e da teoria psicanalíticas. Não era suficiente postular a existência do inconsciente, já que muitos outros antes dele já haviam se referido a esse aspecto desconhecido e pouco frequentado do psiquismo humano. Tratava-se de explicar seu dinamismo e estabelecer as bases de uma clínica que tivesse o inconsciente como núcleo. Há o inconsciente, mas como ter acesso a ele?

Foi nesse mesmo ano que Freud finalizou aquele que é, para muitos, o texto mais importante da história da psicanálise: *A interpretação dos sonhos*. A edição, porém, trazia a data de 1900. Sua ambição e intenção ao alterar a data de publicação era a de que esse trabalho figurasse como um dos mais importantes do século XX. De fato, *A interpretação dos sonhos* é hoje um dos mais relevantes textos escritos no referido século, ao lado de *A ética protestante e o "espírito" do capitalismo*, de Max Weber, *Tractatus Logico-Philosophicus*, de Ludwig Wittgenstein, e *Origens do totalitarismo*, de Hannah Arendt.

Nesse texto, Freud propõe uma teoria inovadora do aparelho psíquico, bem como os fundamentos da clínica psicanalítica, única capaz de revelar as formações, tramas e expressões do inconsciente, além da sintomatologia e do sofrimento que correspondem a essas dinâmicas. *A interpretação dos sonhos* revela, portanto, uma investigação extensa e absolutamente inédita sobre o inconsciente. Tudo isso a partir da análise e do estudo dos sonhos, a manifestação psíquica inconsciente por excelência. Porém, seria preciso aguardar um trabalho posterior para que fosse abordado o papel central da sexualidade na formação dos sintomas neuróticos.

Foi um desdobramento necessário e natural para Freud a publicação, em 1905, dos *Três ensaios sobre a teoria da sexualidade.* A apresentação plena das suas hipóteses fundamentais sobre o papel da sexualidade na gênese da neurose (já noticiadas nos *Estudos sobre a histeria*) pôde, enfim, vir à luz, com todo o vigor do pensamento freudiano e livre das amarras de sua herança médica e da aliança com Breuer.

A verdadeira descoberta de um método de trabalho capaz de expor o inconsciente, reconhecendo suas determinações e interferindo em seus efeitos, deu-se com o surgimento da clínica psicanalítica. Antes disso, a nascente psicologia experimental alemã, capitaneada por

Wilhelm Wundt (1832-1920), esmerava-se em aprofundar exercícios de autoconhecimento e autorreflexão psicológicos denominados de introspeccionismo. A pergunta óbvia elaborada pela psicanálise era: como podia a autoinvestigação esclarecer algo sobre o psiquismo profundo tendo sido o próprio psiquismo o que ocultou do sujeito suas dores e sofrimentos? Por isso a clínica psicanalítica propõe-se como uma fala do sujeito endereçada à escuta de um outro (o psicanalista).

A partir de 1905, a clínica psicanalítica se consolidou rapidamente e se tornou conhecida em diversos países, despertando o interesse e a necessidade de traduzir os textos de Freud para outras línguas. Em 1910, a psicanálise já ultrapassara as fronteiras da Europa e começava a chegar a países distantes como Estados Unidos, Argentina e Brasil. Discípulos de outras partes do mundo se aproximavam da obra freudiana e do movimento psicanalítico.

Desde muito cedo, Freud e alguns de seus seguidores reconheceram que a teoria psicanalítica tinha um alcance capaz de iluminar dilemas de outras áreas do conhecimento além daqueles observados na clínica. Um dos primeiros textos fundamentais nesta direção foi *Totem e tabu:*

alguns aspectos comuns entre a vida mental do homem primitivo e a dos neuróticos, de 1913. Freud afirmou que *Totem e tabu* era, ao lado de *A interpretação dos sonhos*, um dos textos mais importantes de sua obra e o considerou uma contribuição para o que ele chamou de psicologia dos povos. De fato, nos grandes textos sociais e políticos de Freud há indicações explícitas a *Totem e tabu* como sendo ponto de partida e fundamento de suas teses. É o caso de *Psicologia das massas e análise do eu* (1921), *O futuro de uma ilusão* (1927), *O mal-estar na cultura* (1930) e *O homem Moisés e a religião monoteísta* (1939).

O período em que Freud escreveu *Totem e tabu* foi especialmente conturbado, sobretudo porque estava sendo gestada a Primeira Guerra Mundial, que eclodiria em 1914 e duraria até 1918. Esse episódio histórico foi devastador para Freud e o movimento psicanalítico, esvaziando as fileiras dos pacientes que procuravam a psicanálise e as dos próprios psicanalistas. Importantes discípulos freudianos como Karl Abraham e Sándor Ferenczi foram convocados para o *front*, e a atividade clínica de Freud foi praticamente paralisada, o que gerou dissabores extremos à sua família, devido à falta de recursos financeiros. Foi nesse período que Freud escreveu alguns dos textos mais importantes do que se costuma chamar a primeira fase da psicanálise (1895-1914). Esses trabalhos foram por ele intitulados de "textos sobre a metapsicologia", ou textos sobre a teoria psicanalítica.

Tais artigos, inicialmente previstos para perfazerem um conjunto de doze, eram parte de um projeto que deveria sintetizar as principais posições teóricas da ciência psicanalítica até então. Em apenas seis semanas, Freud escreveu os cinco artigos que hoje conhecemos como uma espécie de apanhado denso, inovador e consistente de metapsicologia. São eles: "Pulsões e destinos da pulsão", "O inconsciente", "O recalque", "Luto e melancolia" e "Complemento metapsicológico à doutrina dos sonhos". O artigo "Para introduzir o narcisismo", escrito em 1914, junta-se também a esse grupo de textos. Dos doze artigos previstos, cinco não foram publicados, apesar de Freud tê-los concluído: ao que tudo indica, ele os destruiu. (Em 1983, a psicanalista e pesquisadora Ilse Grubrich-Simitis encontrou um manuscrito de Freud, com um bilhete anexado ao discípulo e amigo Sándor Ferenczi, em que identificava "Visão geral das neuroses de transferência" como o 12º ensaio da série sobre metapsicologia. O artigo foi publicado em 1985 e é o sétimo e último texto de Freud sobre metapsicologia que chegou até nós.)

Após o final da Primeira Guerra e alguns anos depois de ter se esmerado em reapresentar a psicanálise em seus fundamentos, Freud publica, em 1920, um artigo avassalador intitulado *Além do princípio de prazer*. Texto revolucionário, admirável e ao mesmo tempo mal aceito e mal digerido até hoje por muitos psicanalistas, desconfortáveis com a proposição de uma pulsão (ou impulso, conforme se preferiu na presente tradução) de morte autônoma e independente das pulsões de vida. Nesse artigo, Freud refaz os alicerces da teoria psicanalítica ao propor novos fundamentos para a teoria das pulsões. A primeira teoria das pulsões apresentava duas energias psíquicas como sendo a base da dinâmica do psiquismo: as pulsões do eu e as pulsões de objeto. As pulsões do eu ocupam-se em dar ao eu proteção, guarida e satisfação das necessidades elementares (fome, sede, sobrevivência, proteção contra intempéries etc.), e as pulsões de objeto buscam a associação erótica e sexual com outrem.

Já em *Além do princípio de prazer*, Freud avança no estudo dos movimentos psíquicos das pulsões. Mobilizado pelo tratamento dos neuróticos de guerra que povoavam as cidades europeias e por alguns de seus discípulos que, convocados, atenderam psicanaliticamente nas frentes de batalha, Freud reencontrou o estímulo para repensar a própria natureza da repetição do sintoma neurótico em sua articulação com o trauma. Surge o conceito de pulsão de morte: uma energia que ataca o psiquismo e pode paralisar o trabalho do eu, mobilizando-o em direção ao desejo de não mais desejar, que resultaria na morte psíquica. É provavelmente a primeira vez em que se postula no psiquismo uma tendência e uma força capazes de provocar a paralisia, a dor e a destruição.

Uma das principais consequências dessa reviravolta é a segunda teoria pulsional, que pode ser reencontrada na nova teoria do aparelho psíquico, conhecida como segunda tópica, ou segunda teoria do aparelho psíquico (ego, id e superego, ou eu, isso e supereu), apresentada no texto *O eu e o id*, publicado em 1923. Freud propõe uma instância psíquica denominada supereu. Essa instância, ao mesmo tempo em que possibilita uma aliança psíquica com a cultura, a civilização, os pactos sociais, as leis e as regras, é também responsável pela culpa, pelas frustrações e pelas exigências que o sujeito impõe a si mesmo, muitas delas inalcançáveis. Daí o mal-estar que acompanha todo sujeito, e que não pode ser inteiramente superado.

Em 1938, foi redigido o texto *Compêndio da psicanálise*, que seria publicado postumamente em 1940. Freud pretendia escrever uma grande síntese de sua doutrina, mas faleceu em setembro de 1939, antes de terminá-la. O *Compêndio* permanece, então, conforme o próprio nome sugere, como uma espécie de inacabado testamento teórico freudiano, indicando a incompletude da própria teoria psicanalítica que, desde então, segue se modificando, se refazendo e se aprofundando.

Curioso talvez que o último grande texto de Freud, publicado em 1939, tenha sido *O homem Moisés e a religião monoteísta*, trabalho potente e fundador que reexamina teses historiográficas basilares da cultura judaica e da religião monoteísta a partir do arsenal psicanalítico. Essa obra mereceu comentários de grandes pensadores contemporâneos como Yosef Yerushalmi, Edward Said e Jacques Derrida, que continuaram a enriquecê-la, desvelando não só a herança judaica muito particular de Freud, por ele afirmada e ao mesmo tempo combatida, mas também o alcance da psicanálise no debate sobre os fundamentos da historiografia do judaísmo, determinante da constituição identitária de pessoas, povos e nações.

Esta breve anotação introdutória é certamente insuficiente, pois muito ainda se poderia falar de Freud. Contudo, esperamos haver, ao menos, despertado a curiosidade do leitor, que passará a ter em mãos, com esta coleção, uma nova e instigante série de textos de Freud, com tradução direta do alemão e revisão técnica de destacados psicanalistas e estudiosos da psicanálise no Brasil.

Ao leitor, só nos resta desejar boa e transformadora viagem.

A CULTURA OU A SUBLIME GUERRA ENTRE AMOR E MORTE

Márcio Seligmann-Silva

Mefisto: No final das contas, pode ser que não sirva mais para nada.
Eu fui construído sobre uma ideia errada [...], segundo a qual as pessoas não são malvadas o suficiente para se perderem sozinhas, com seus próprios meios.

PAUL VALÉRY, *Mon Faust*

O mal-estar na cultura é um desses textos que devem ser considerados fundamentais não apenas no âmbito da obra de seu autor. Trata-se aqui, na verdade, de uma das grandes criações do século XX. De modo relativamente compacto, podemos acompanhar neste texto toda a força do intelecto do pai da psicanálise. Neste ensaio entrecruzam-se suas pesquisas psicanalíticas com sua impressionante capacidade de intérprete da humanidade e de seu mundo contemporâneo. Para construir este texto, Freud mobilizou não apenas suas descobertas, mas também sua erudição literária e suas leituras de antropologia.

Sem ser citados diretamente, também Kant e Nietzsche são autores cujas obras são discutidas aqui. Kant por conta de sua ética, Nietzsche como grande teórico da violência, da culpa e da força dionisíaca. Este ensaio é talvez – ao lado de *Além do princípio de prazer* – uma das portas mais indicadas para se conhecer o universo e a escrita de Freud na sua força universal e riqueza.

Escrito em 1929 e publicado em 1930, ampliando o escopo e mergulhando em oceanos insuspeitos, *O mal-estar na cultura* dá continuidade ao ensaio *O futuro de uma ilusão* (1927) e desdobra também de modo evidente tanto o mencionado *Além do princípio de prazer* (1920) como seu texto de 1913, *Totem e tabu*. O tom de *O mal-estar na cultura*, no entanto, é bem distinto de *O futuro de uma ilusão*. Se em 1927 Freud ainda apresentava um entusiasmo com relação à ciência e sua capacidade superior à da religião de descrever a realidade e de oferecer uma técnica de vida mais saudável, agora – não por acaso já com 73 anos, após uma longa doença e em meio ao recrudescimento do nacionalismo nazista – ele retoma sua teoria do impulso de morte/destruição e mostra a ciência como sendo tão ilusória como a religião.

Já em 1930 foi publicada a tradução inglesa deste ensaio, com o título *Civilization and its Discontents*, de autoria de Joan Riviere. O próprio Freud havia sugerido utilizar "civilization" no título em inglês. No entanto, nos últimos anos esta opção de tradução tem sido revista. Finalmente com esta edição lançada pela L&PM, introduzimos no Brasil o que nos parece ser também a tradução mais precisa: *O mal-estar na cultura*. "Civilização" de certo modo marcava um deslocamento, um controle e quase uma "higienização" das potentes teses que Freud apresenta neste ensaio. Talvez por conta de sua luta naquela época pela aceitação e pela divulgação de sua obra, Freud tenha proposto para a tradução o termo civilização, indiscutivelmente mais restrito e fraco do que o termo cultura. Em *O futuro de uma ilusão*, que também trata da cultura, Freud escrevera:

> Como se sabe, a cultura humana – me refiro a tudo aquilo em que a vida humana se elevou acima de suas condições animais e se distingue da vida dos bichos; e eu me recuso a separar cultura [*Kultur*] e civilização [*Zivilisation*] – mostra dois lados ao observador. Ela abrange, por um lado, todo o saber e toda a capacidade

> adquiridos pelo homem com o fim de dominar as forças da natureza e obter seus bens para a satisfação das necessidades humanas e, por outro, todas as instituições necessárias para regular as relações dos homens entre si e, em especial, a divisão dos bens acessíveis.[1]

Se Freud desprezava a distinção entre esses termos, não é menos verdade que os dois estão dados em alemão, e ele muito sabiamente elegeu *Kultur* para seu ensaio que depois se tornaria muito conhecido: *Das Unbehagen in der Kultur*. A crítica da civilização remonta na modernidade à Rousseau e seu culto do "bom selvagem"; já Freud recusa a tese da felicidade superior dos "selvagens" e localiza o mal-estar muito antes da construção das cidades. Na sua definição de cultura, anteriormente citada, já encontramos um ponto que será fundamental no texto de 1930: a ideia da distinção entre o homem e a natureza/animalidade que, por sua vez, se liga à conquista de uma série de técnicas de extração e conquista de riquezas, mas também de convívio social. Neste sentido, Freud se coloca na tradição da reflexão ética que desde os estoicos busca pensar técnicas para uma vida feliz. Mas

1. *Die Zukunft einer Illusion*, in: *Freud-Studienausgabe*, Frankfurt/M.: Fischer Verlag, 1974, vol. IX, p. 140.

em 1930 ele está cético. Assim, é importante ressaltar também a importância do outro termo do título: *Unbehagen* (mal-estar). O significado do termo *behagen* (que é negado pelo prefixo *un-*) é algo como "sentir-se protegido". *Unbehagen* remete a uma fragilidade, a uma falta de abrigo, a estar desprotegido. É interessante que esse termo também se aproxima de outro termo-chave para a psicanálise, a saber, *Unheimlich* (estranho, sinistro), que deu título a um famoso e fundamental ensaio de Freud de 1919: "O estranho". Um dos sentidos de *unheimlich*, como o próprio Freud destacou, é justamente o de *unbehaglich* (o que provoca mal-estar).[2] Se de certo modo podemos dizer que a psicanálise procedeu à revelação do *Unheimlich* da psique do indivíduo, ou seja, revelou "tudo aquilo que deveria ter permanecido em *segredo* e oculto e veio à luz" (na definição do filósofo idealista Schelling, aprovada por Freud), no caso deste ensaio de 1930 Freud procura mostrar o oculto, o segredo, por detrás de toda cultura e da nossa humanidade, ou seja, seu mal-estar e suas origens mais profundas.

Na primeira parte deste ensaio, Freud retoma sua análise da religião e localiza a sua origem

2. Cf. Freud, "Das Unheimliche", in: op.cit., vol. IV, p. 248.

na sensação de desamparo da criança, que é oposta ao seu narcisismo originário e o violenta. Para comprovar essa tese, Freud lança mão de dois procedimentos que lhe são muito caros. Primeiro ele faz um cruzamento (uma tradução, poderíamos dizer) entre elementos que foram conquistados pela psicanálise no estudo de indivíduos e a situação de toda a humanidade. O que vale para o indivíduo (ontogênese) vale também para a espécie (filogênese). Tal gesto marca todo o ensaio de Freud e boa parte de seus estudos mais históricos e antropológicos. A outra característica deste ensaio a ser destacada é de certo modo derivada desse primeiro procedimento. A fim de traduzir descobertas referentes a indivíduos (que possuem uma história relativamente breve e são apenas um organismo) para sociedades (com bilhões de organismos e que se estende por uma temporalidade de centenas de milhares de anos), Freud precisa pensar um modelo de passagem de geração para geração de certos dados que são, por assim dizer, inconscientes. Existe, portanto, uma teoria da temporalidade e da inscrição mnemônica transgeracional que ocupa um papel de destaque neste ensaio.

Nesse sentido, na primeira parte Freud desenvolve outro interessante paralelo, dessa feita justamente para explicar as continuidades históricas, mesmo de fatos que se perdem na noite do tempo. Freud parte do pressuposto de que "na vida psíquica, nada do que uma vez se formou pode perecer". Ele imagina então Roma com suas camadas de ruínas como uma metáfora dessa situação, mas conclui que tal imagem é limitada, pois seria necessário imaginar uma cidade que mantivesse simultaneamente e num mesmo espaço construções de tempos diferentes. A solução para esse limite apenas nossa era do virtual poderia gerar. Não por acaso, pois nossa vida anímica é de certo modo virtual, já que ela permite essas concomitâncias, assim como nossa fantasia também o permite. Nossa vida prolonga – devido ao medo que é gerado pelas forças do destino – o nosso desamparo infantil. Por sua vez, o sentimento oceânico proposto pelas religiões é uma projeção posterior do sentimento do bebê de indistinção com o mundo e de amparo absoluto. O bebê é puro *behagen* (sentir-se protegido). Para ele, não existe o mundo. Esse ponto zero do desenvolvimento de certo modo é visto por Freud neste ensaio como o fim de toda libido, que visaria a atingir novamente um estágio de completude, sem conflito com o mundo.

Mas todas as demais partes do ensaio mostram justamente a batalha titânica entre a humanidade e a natureza. Na segunda parte, recebemos a notícia terrível – mas não tão surpreendente – de que na verdade não estamos programados para a felicidade. "Toda permanência de uma situação anelada pelo princípio do prazer fornece apenas uma sensação tépida de bem-estar; somos feitos de tal modo que apenas podemos gozar intensamente o contraste e somente muito pouco o estado." A toda satisfação segue imediatamente um renovado desejo e uma nova necessidade. Essa visão de mundo trágica Freud pôde encontrar largamente entre os tragediógrafos gregos, como em Eurípides, cuja Medeia afirma que "Viver é ter desgostos", ou ainda na tragédia *Orestes*, na qual Electra profere as palavras: "A mudança é entre todas as coisas a mais agradável". E na mesma peça o coro profere também a máxima: "A grande felicidade não é durável entre os mortais".

No século XVIII, o filósofo Moses Mendelssohn (1729-1786), pensando a sensação do sublime (derivada em parte da teoria do trágico), afirmou por sua vez: "Nossos desejos estendem-se sempre para além do nosso prazer". E não por acaso recordo aqui a teoria do sublime, a mais famosa das chamadas "paixões mistas" teorizadas no século XVIII. O sublime foi pensado então como uma paixão que misturava prazer e terror.[3] Todos nós conhecemos o prazer extraído do terror: a literatura, o teatro e o cinema teriam roubada sua força arrebatadora sem o sublime e sem essa duplicidade que caracteriza e marca as melhores produções artísticas. Este ensaio de Freud, ao lado do já mencionado texto sobre o *Unheimlich*, é uma das melhores peças escritas sobre o sublime – ainda que não mencione tal conceito diretamente. Freud apresenta o homem desamparado, imerso em um mundo que só lhe confronta com dores e horrores: estes vêm tanto do corpo, como do mundo externo, com suas armadilhas terríveis e também, talvez acima de tudo, das relações humanas.[4] *Homo homini lupus*

3. Na famosa definição do sublime de Edmund Burke (1729-1797), lemos: "Tudo que seja de algum modo capaz de incitar as ideias de dor e de perigo, isto é, tudo que seja de alguma maneira terrível ou relacionado ao terror, constitui uma fonte do *sublime*, isto é, produz a mais forte emoção de que o espírito é capaz. Digo a mais forte emoção, porque estou convencido de que as ideias de dor são muito mais poderosas do que aquelas que provêm do prazer". Edmund Burke, *Uma investigação filosófica sobre a origem de nossas ideias do sublime e do belo*, Campinas: Papirus/UNICAMP, 1993, p. 48.

4. Ao destacar que existe um conflito inexorável entre o desenvolvimento do indivíduo – com seu desejo de felicidade – e, por outro lado, o desenvolvimento da cultura, que tende a submeter

(O homem é o lobo do homem), escreve o pai da psicanálise, ecoando Plauto, Hobbes e toda uma tradição do pensamento político moderno que inclui Carl Schmitt e Walter Benjamin.

Freud, para além desse cortejo macabro de desgraças, desenvolve vários outros aspectos da teoria do sublime. Destaco afirmações como estas: "O sentimento de felicidade originado da satisfação de um impulso selvagem, não domado pelo eu, é incomparavelmente mais intenso do que aquele que resulta da saciação de um impulso domesticado. O caráter irresistível dos

---

o indivíduo a certos limites, jogando a felicidade para um segundo plano, Freud dá preciosas pistas tanto para se pensar o gênero literário do romance – que de certa forma se especializou em tratar desse indivíduo em seu conflito com o mundo e o "princípio de realidade" – como também o local da utopia na modernidade, que não por acaso desde os românticos mais e mais tomou os ares de distopia. Justamente a sensibilidade psicanalítica – que em grande parte é derivada do romantismo alemão – coloca o indivíduo em primeiro plano e acaba por encarar o todo (da cultura e da sociedade) como uma terrível fonte de frustrações e sofrimentos. A utopia em seu modelo clássico, renascentista, tornou-se impossível, a não ser que ela venha acompanhada de uma total crítica da ideia de um todo e de uma totalidade que se imporiam às individualidades, o que transforma totalmente a tradição utopista. Freud, neste e em outros textos, só manifestava ironia e crítica para com as tentativas de implantar sociedades totais supostamente utópicas. Elas justamente não levavam em conta o nosso impulso destrutivo. Ele previu o fiasco dessas tentativas. Neste ponto, como em muitos outros, Freud revelou ser um grande profeta. Já se disse que a psicanálise é a religião da era burguesa. Há algo de verdade neste chiste.

impulsos perversos, talvez a atração do proibido em geral, encontra aqui uma explicação econômica". A ambiguidade desse sentimento de felicidade é total. Nele misturam-se prazer e terror, gozo e aniquilação. O prazer derivado da quebra de tabus pode ser visto como uma consequência lógica da espiral de saciedade-desejo que vimos com Mendelssohn. Mas percebemos aqui também um desdobramento importante da teoria do sublime de Edmund Burke, que derivava as emoções (sublimes) mais intensas de tudo aquilo que estava ligado à conservação da vida.[5] A morte está no centro da teoria do sublime, assim como o impulso de morte está no centro da psicanálise desde *Além do princípio de prazer.* Freud fala ainda de nossa felicidade, que é derivada do fato de termos escapado à infelicidade, ou, ainda, escreve sobre nosso gozo na destruição dos outros[6] e sobretudo

5. Sobre a teoria do sublime, permito-me indicar aos leitores meus ensaios "Do delicioso horror sublime ao abjeto e à escritura do corpo" e "Arte e dor e *kátharsis.* Ou: variações sobre a arte de pintar o grito", ambos no meu livro *O local da diferença. Ensaios sobre memória, arte, literatura e tradução,* São Paulo: Editora 34, 2005.

6. É sobretudo no sadismo que esse caráter misto e inseparável dos impulsos (Eros e Tânatos) fica claro. "No sadismo, em que ele [Tânatos] torce a meta erótica a seu favor, ao mesmo tempo em que satisfaz completamente o anseio sexual, obtemos a mais

desenvolve um conceito de impulso de agressão (um derivado e principal representante do impulso de morte ou de destruição) que não deixa nada a desejar à teoria da força do abalo (poético) que remonta ao texto clássico *Sobre o sublime*, de Longinus. Assim como esse tratado privilegiou o arruinamento do texto, o abalo do leitor em detrimento da ordem e do decoro clássicos, Freud apresenta a paisagem da nossa cultura como marcada pela violência, por um impulso incontrolável de agressão que põe por água abaixo a visão humanista e iluminista do homem racional como o centro do mundo e o coroamento da natureza. Muito pelo contrário, o homem freudiano não carrega coroa alguma; ele na verdade carrega essa natureza dentro de si e nunca poderá dominá-la.

---

clara visão de sua natureza e de suas relações com Eros. Mas mesmo onde aparece sem propósitos sexuais, até na mais cega fúria destrutiva, é impossível ignorar que a sua satisfação está ligada a um gozo narcísico extraordinariamente alto, na medida em que essa satisfação mostra ao eu o cumprimento de seus antigos desejos de onipotência." Tal gozo narcísico destrutivo Freud desenvolve neste texto como sendo parte da tendência das sociedades que, para conquistar uma coesão, procuram perseguir o "outro". Esse fenômeno de massa (estudado por Freud também em *Psicologia das massas e análise do eu*, de 1921) está na origem de um comportamento sacrificial estudado tanto na antropologia como na teoria política, hoje com destaque para a obra do filósofo G. Agamben e sua teoria do *homo sacer*.

Assim, Freud apresenta também os meios que os animais humanos desenvolveram para tentar enfrentar esta vida marcada pelas frustrações, pelo mal-estar e pelo obrigatório sacrifício da libido e da agressão. Tanto a sublimação no trabalho permite uma tentativa de adaptação a essa relação hostil com a natureza e com os outros, como também outros meios são empregados, quase compensações ou consolos, como as artes. É interessante notar que Freud, apesar de ser um dos mais profundos conhecedores do sublime, sucumbe, ao tratar de arte, a um modelo clássico de um belo pacificado. Neste ensaio ele vê na arte uma espécie de filtro do esquecimento, que ele aproxima a certas drogas, ao amor e à religião. É como se nos alimentássemos de arte, como os lotófagos homéricos de suas flores do esquecimento. Mas as artes possuem um potencial catártico nada desprezível e nelas a mesma mistura de terror e libido está na origem das emoções mais fortes – como a teoria do sublime prega e nós todos o observamos no teatro ou nas salas de exposição e de cinema.

Um dos momentos mais vertiginosos desta verdadeira expedição às origens da humanidade – um *tour de force* do gênero ensaio, extremamente bem escrito e amarrado, apesar de à primeira vista não o parecer – é a quarta parte, que propõe a tese da hominização a partir do movimento de nosso corpo, que nos primórdios, ao ter assumido a postura ereta, teria recalcado o olfato (como fonte de prazer erótico) e passado a privilegiar a visão. Ao colocar-nos de pé e abandonar a postura animal quadrúpede tornamo-nos seres humanos. Isso Darwin já sabia. Mas Freud acrescenta a isso uma teoria do recalque. Com esta imagem potente e com esta novela sobre as origens da cultura no recalcamento de um dos sentidos considerados mais toscos (sintomaticamente narrada em uma nota de rodapé!), Freud novamente se mostra um singular autor de mitos – aliás, neste ponto, comparável talvez apenas a Platão e aos autores da Bíblia. O homem nasce junto com a vergonha de seus órgãos sexuais, como na narrativa do *Gênese* ocorrera com Adão e Eva após a expulsão do Paraíso.

A cultura está ligada ao recalcamento dos "restos", daquilo que é considerado "baixo". Ela se inscreve no avesso da sexualidade animal. A vergonha é a assinatura desse contrato precário. Como escreve Freud, nós xingamos utilizando o nome de nossos melhores amigos, o cão e a cadela, porque eles não sentem vergonha de suas funções sexuais e de seus excrementos. Ananke, a necessidade econômica, nos obriga a conter a vida sexual. Os impulsos são domados em impulsos de meta inibida, ou seja, são desviados de sua meta e por assim dizer anestesiados: incorporamos as grades do decoro social a nossos corpos e mentes. Por outro lado, como Freud desenvolve na sétima parte, o mal-estar tem seu local garantido não apenas por conta dessa limitação que a cultura impõe aos impulsos, que frustra nossos desejos. Freud também trabalha nesse trecho a questão – tão bem explorada por Nietzsche em sua *Genealogia da moral* – da consciência moral como sendo parte essencial, ao lado do sentimento de culpa, de nosso mal-estar atávico. Nessa passagem, Freud retoma a sua tese de *Totem e tabu* que projetara na origem da cultura o assassinato do pai da horda primeva pela associação de seus filhos – e este é o segundo grande mito das origens que Freud defende neste ensaio, sem que um contradiga o outro. Novamente vemos aqui o uso da teoria da memória transgeracional de um fato e da culpa por ele desencadeada. Tal fato cultural é a face filogenética do que ocorre com cada um de nós ao passar pelo complexo de Édipo, no qual o assassinato é simbólico, mas não menos traumático nem menos estruturante de nossa vida anímica. Freud analisa a gênese do supereu como introjeção dessa culpa. Essa escola da culpa está na origem também de nosso hábito de projetar no destino uma figura antropomórfica, mais especificamente, um avatar da instância paterna. As desgraças se nos apresentam como castigos de um pai severo e alimentam nossa culpa. Como vimos, o desejo é insaciável e, além disso, sua aparição automaticamente dispara o aguilhão da culpa no homem de cultura aparelhado com sua consciência moral. Para esse homem, o simples pensamento ou qualquer outra manifestação do desejo já traz o espectro da figura do pai castrador com a tábua das leis de conduta. Nossa cultura é descrita por Freud como geradora de uma enorme culpa, na medida em que seu componente erótico direciona nossa sociedade no sentido de construir uma massa coesa de seres humanos. Quanto mais cultura, mais culpa e mais mal-estar.

Mas, como vimos, nessa novela trágica existem dois atores principais, ou seja, não apenas Eros – o amor –, mas também Tânatos, a morte: "Além do impulso de conservar a substância vivente e aglomerá-la em unidades sempre maiores, deveria existir um outro que lhe fosse oposto, que se esforça por dissolver essas unidades e reduzi-las ao estado primordial, inorgânico". Não deixa de ser desconcertante para nós – ao lermos este ensaio oitenta anos depois de sua composição, ou seja, após não apenas a Segunda Guerra Mundial, Auschwitz, Hiroshima, centenas e milhares de massacres, genocídios e ditaduras sangrentas, mas também em meio a um processo vertiginoso de globalização (costurado por Ananke e não tanto por Eros) e de construção de grandes blocos de nações que está transformando o mapa-múndi – pensar nessa concomitância detectada por Freud da tendência a se construírem unidades culturais sempre maiores, ao lado da tendência à destruição e ao aniquilamento. A técnica – pensada como tecnologia – só fez desdobrar a sua intrínseca ambiguidade, tão bem percebida e analisada por Freud. Cabe a todos nós auxiliar na construção de técnicas positivas de aprimoramento da vida cultural – apesar do mal-estar que lhe é próprio. Com a lucidez de Kafka, sabemos que "há esperança suficiente, esperança infinita – mas não para nós". Mas, por outro lado, o não menos lúcido Walter Benjamin já detectara que o arruinamento da tradição que marca nossa sociedade permite também uma libertação e a conquista de novos espaços. Essa novela não tem fim previsível, e Freud, sabendo disso, termina com uma suspensão: "Mas quem pode prever o desfecho?" De certo modo, como em Guimarães Rosa, o fim é o começo: "Existe é homem humano".

Campinas, 13 de janeiro de 2010

O mal-estar na cultura

I

É IMPOSSÍVEL ESCAPAR à impressão de que os seres humanos geralmente empregam critérios equivocados, de que ambicionam poder, sucesso e riqueza para si mesmos e os admiram nos outros enquanto menosprezam os verdadeiros valores da vida. No entanto, ao efetuar qualquer juízo geral desse tipo, corre-se o risco de esquecer a variedade do mundo humano e de sua vida psíquica. Há alguns poucos homens aos quais não é negado o respeito de seus contemporâneos, ainda que a sua grandeza resida em qualidades e realizações inteiramente alheias às metas e aos ideais da multidão. Não será difícil supor, porém, que apenas uma minoria reconheça esses grandes homens, enquanto a grande maioria nada queira saber deles. Mas as coisas podem não ser tão simples assim, graças às discrepâncias entre o pensar e o agir dos seres humanos e à multiplicidade de seus desejos.

Em suas cartas, um desses homens eminentes se designa meu amigo. Enviei-lhe o meu opúsculo que trata a religião como ilusão, e ele respondeu que concordava inteiramente com meu juízo sobre ela, mas lamentava que eu não tivesse apreciado a genuína fonte da religiosidade. Segundo ele, essa fonte seria um sentimento peculiar, que nunca costuma abandonar a ele próprio, que lhe teria sido confirmado por muitas outras pessoas e que poderia pressupor em milhões de seres humanos. Um sentimento que ele gostaria de chamar de sensação de "eternidade", um sentimento como o de algo sem limites, sem barreiras, "oceânico", por assim dizer. Esse sentimento seria um fato puramente subjetivo, e não um artigo de fé; a ele não se ligaria nenhuma garantia de continuidade pessoal, mas ele seria a fonte da energia religiosa que as diferentes Igrejas e sistemas religiosos captam, conduzem por determinados canais e com certeza também consomem. Apenas com base nesse sentimento oceânico alguém poderia chamar-se religioso, mesmo recusando toda fé e toda ilusão.

Essa declaração de meu estimado amigo, que, aliás, honrou poeticamente o encanto da ilusão certa vez[1], trouxe-me dificuldades nada pequenas. Não consigo descobrir esse senti-

1. *Liluli.* – Desde a publicação dos livros *La vie de Ramakrishna* e *La vie de Vivekananda* (1930), não preciso mais ocultar que o mencionado amigo é Romain Rolland.

mento "oceânico" em mim mesmo. Não é fácil tratar sentimentos cientificamente. Pode-se tentar a descrição de suas manifestações fisiológicas. Quando isso não é possível – receio que também o sentimento oceânico se esquivará a essa caracterização –, nada resta senão ater-se ao conteúdo ideativo que, associativamente, se ligar em primeiro lugar ao sentimento. Se bem entendi meu amigo, ele tem em mente o mesmo que um escritor original e um tanto extravagante oferece ao seu herói como consolo diante do suicídio: "Deste mundo não poderemos cair".[2] Ou seja, um sentimento de união indissolúvel, de pertencimento ao todo do mundo exterior. Para mim, isso tem antes o caráter de uma intuição intelectual, que com certeza não deixa de ser acompanhada por notas de sentimento, o que, aliás, também ocorrerá com outros atos de pensamento de importância semelhante. No que se refere à minha pessoa, não pude me convencer da natureza primária de tal sentimento. Mas não será por isso que poderei contestar sua efetiva ocorrência em outras pessoas. O que cabe perguntar é se ele foi corretamente interpretado

---

2. Trata-se de um verso da peça *Aníbal*, de Christian Dietrich Grabbe (1801-1836): "É, do mundo não cairemos. Simplesmente estamos nele."

e se deve ser reconhecido como *fons et origo*[3] de todas as necessidades religiosas.

Nada tenho a apresentar que possa influenciar decisivamente na solução desse problema. A ideia de que o homem possa ter notícia de sua ligação com o ambiente através de um sentimento imediato, desde o início dirigido a esse fim, soa tão estranha, ajusta-se tão mal na tessitura de nossa psicologia, que se deve tentar uma derivação psicanalítica, isto é, genética, desse sentimento. A sequência de ideias que então se oferece a nós é a seguinte: normalmente, nada nos é mais certo que o sentimento que temos de nós mesmos, de nosso próprio eu. Esse eu nos parece independente, unitário, bem distinto de todo o resto. Que essa impressão seja uma ilusão, que o eu, ao contrário, se prolongue para o interior, sem fronteiras definidas, num ser psíquico inconsciente que chamamos de "isso", ao qual serve, por assim dizer, de fachada, eis algo que nos mostrou pela primeira vez a investigação psicanalítica, que ainda nos deve muitas informações acerca da relação do eu com o isso. Mas em relação ao exterior, pelo menos, o eu parece conservar linhas fronteiriças claras e definidas. As coisas mudam de figura apenas

3. "Fonte e origem". Em latim no original. (N.T.)

num estado, que por certo é extraordinário, mas que não pode ser condenado como doentio. No auge da paixão, a fronteira entre o eu e o objeto ameaça desvanecer-se. Contrariando todos os testemunhos dos sentidos, o apaixonado afirma que eu e você são um só, e está pronto a se comportar como se assim fosse. Aquilo que pode ser suspenso temporariamente através de uma função fisiológica obviamente também é suscetível de ser perturbado através de processos mórbidos. A patologia nos dá a conhecer um grande número de estados em que a delimitação do eu em relação ao mundo exterior se torna incerta, ou em que os limites são traçados de modo realmente inexato; casos em que partes do corpo de uma pessoa, inclusive parcelas de sua vida psíquica, percepções, pensamentos e sentimentos parecem alheios e como que não pertencendo ao eu; outros em que se atribui ao mundo exterior aquilo que de maneira evidente surgiu no eu e que este teria de reconhecer. O sentimento do eu, portanto, também está sujeito a perturbações, e as fronteiras do eu não são estáveis.

Uma reflexão subsequente diz: esse sentimento do eu próprio do adulto não pode ter existido desde o princípio. Ele deve ter passado por um desenvolvimento, que, compreensivelmente, não se deixa demonstrar, mas que pode ser reconstituído com bastante verossimilhança.[4] O bebê ainda não distingue o seu eu de um mundo exterior, fonte das sensações que lhe afluem. Ele aprende a fazê-lo gradativamente a partir de estímulos variados. Deve causar-lhe fortíssima impressão o fato de que muitas das fontes de estímulo em que mais tarde reconhecerá os órgãos de seu corpo possam lhe enviar sensações de maneira ininterrupta, enquanto outras fontes lhe sejam subtraídas de vez em quando – entre elas, a mais ansiada: o seio materno –, apenas podendo ser trazidas de volta com a ajuda de gritos que pedem socorro. Assim se opõe ao eu, pela primeira vez, um "objeto", algo que se encontra "fora" e que somente mediante uma ação específica é forçado a aparecer. Um outro estímulo para que o eu se desprenda da massa de sensações, ou seja, para que reconheça um "fora", um mundo externo, é dado pelas frequentes, variadas e inevitáveis sensações de dor e desprazer, que o princípio de prazer, senhor absoluto, ordena suprimir e evitar. Surge a tendência de segregar do eu tudo o que possa se

4. Cf. os inúmeros trabalhos sobre o desenvolvimento do eu e sobre o sentimento do eu, de Ferenczi, "Estágios de desenvolvimento do senso de realidade" (1913), até os artigos de P. Federn (1926, 1927 e anos posteriores).

tornar fonte de semelhante desprazer, de lançá-lo para fora, de formar um puro eu de prazer, ao qual se contrapõe um exterior desconhecido, ameaçador. As fronteiras desse primitivo eu de prazer não podem deixar de ser retificadas pela experiência. No entanto, muito daquilo de que não se gostaria de abrir mão pelo fato de proporcionar prazer não faz parte do eu, mas é objeto, e muito sofrimento que se quer expulsar acaba por se revelar como inseparável do eu, como sendo de origem interna. Através do direcionamento intencional das atividades sensoriais e de ações musculares adequadas, aprende-se um modo de distinguir o que é interior – pertencente ao eu – do que é exterior – proveniente do mundo externo –, dando-se assim o primeiro passo para a instauração do princípio de realidade, que deve comandar o desenvolvimento posterior. Naturalmente, essa distinção serve ao propósito prático de defesa contra as sensações de desprazer percebidas e contra aquelas que espreitam como ameaças. O fato de que para se defender de certos estímulos desprazerosos provindos de seu interior o eu não empregue outros métodos além daqueles que utiliza contra o desprazer oriundo do exterior torna-se assim o ponto de partida de consideráveis distúrbios.

É desse modo, portanto, que o eu se separa do mundo exterior. Dito com mais exatidão: originalmente o eu contém tudo, mais tarde ele segrega de si um mundo exterior. O nosso atual sentimento do eu, portanto, é apenas um resíduo minguado de um sentimento de grande abrangência – na verdade, um sentimento que abrangia tudo e correspondia a uma íntima ligação do eu com o ambiente. Se nos for permitido supor que esse sentimento primário do eu tenha se conservado – em maior ou menor medida – na vida psíquica de muitas pessoas, então ele seria uma espécie de contraparte do sentimento do eu, delimitado de modo mais restrito e mais claro, próprio da maturidade, e os conteúdos ideativos correspondentes a esse sentimento primário seriam justamente os de uma ausência de limites e de uma ligação com o universo, os mesmos que meu amigo usou para explicar o sentimento "oceânico". Temos, porém, o direito de supor a sobrevivência do originário ao lado do posterior que dele se formou?

Sem dúvida; semelhante fato não é estranho ao âmbito psíquico nem a outros. No que se refere à série animal, nos atemos à suposição de que as espécies mais altamente desenvolvidas provieram das menos desenvolvidas.

No entanto, ainda hoje encontramos entre os seres vivos todas as formas simples de vida. A classe dos grandes sáurios se extinguiu e abriu espaço para os mamíferos, mas um autêntico representante dessa classe, o crocodilo, ainda vive conosco. Talvez a analogia seja muito remota, além de padecer da circunstância de que as espécies inferiores sobreviventes não são, em sua maioria, os verdadeiros antepassados das atuais, mais desenvolvidas. Em regra, os elos intermediários se extinguiram e são conhecidos apenas através de reconstruções. No âmbito psíquico, ao contrário, a conservação do primitivo ao lado do que dele se originou por transformação é algo tão frequente que é escusado demonstrá-lo através de exemplos. Quase sempre esse fato é consequência de uma cisão no desenvolvimento. Uma parcela quantitativa de uma atitude, de um impulso[5], ficou

5. "Impulso" foi a nossa opção para traduzir *Trieb* (mas também, como no presente caso, o sinônimo *Triebregung*, outras vezes vertido como "moção de impulso"). Embora os problemas terminológicos constituam uma parte relativamente pequena da tarefa de traduzir, talvez seja pertinente fazer um breve comentário acerca da tradução desse termo.

O substantivo alemão *Trieb* surgiu no século XIII, derivado do verbo *treiben*, que significa "impelir, impulsionar, tocar para a frente". Segundo o *Dicionário comentado do alemão de Freud*, de Luiz Alberto Hanns (Imago, 1996), *Trieb*, tal como empregado não só na linguagem corrente, mas também nas linguagens comercial, religiosa, científica e filosófica, adquiriu sentidos que estão todos muito próximos e sempre correlacionados com um núcleo semântico básico: algo que propulsiona, aguilhoa, toca para a frente, não deixa parar, empurra, coloca em movimento. Assim, *Trieb* evoca a ideia, ainda segundo Hanns, de força poderosa e irresistível que impele.

Tal como empregado por Freud, o sentido do termo aponta nessa mesma direção: "Chamamos de *Triebe* as forças que supomos existir por trás das tensões de necessidade do isso" (*Compêndio da psicanálise*, cap. 2, p. 49, L&PM, 2014). Ou na definição igualmente concisa do *Vocabulário da psicanálise* de J. Laplanche e J.-B. Pontalis (Martins Fontes, 2004): "[O *Trieb* é um] processo dinâmico que consiste numa pressão ou força (carga energética, fator de motricidade) que faz o organismo tender para um objetivo".

No Brasil, a tradução do termo *Trieb* se polarizou entre "instinto" e "pulsão", o que é um reflexo evidente do fato de a recepção de Freud em nosso país ter sido mediada predominantemente pela tradição anglo-saxã (a tradução da tradução de James Strachey, que emprega *instinct*) e pela francesa (a leitura de Jacques Lacan e seus seguidores, que empregam *pulsion*). Ou seja: não se traduziu *Trieb*, mas os termos que foram propostos como seus equivalentes em inglês e francês. No entanto, entre o Cila de um termo impreciso (*instinct* – e, por extensão, "instinto" – parece mais adequado para verter o alemão *Instinkt*) e o Caríbdis de um horríssono neologismo, acreditamos que haja uma terceira possibilidade, que consiste simplesmente em atentar para os *sentidos* do termo *alemão* e buscar o seu equivalente em nosso idioma. Por essa razão, propomos a tradução de *Trieb* por "impulso", termo que, parece-nos, cobre perfeitamente os vários matizes de sentido da palavra alemã arrolados acima.

O risco de que nossa sugestão seja qualificada desdenhosamente de purista não é pequeno, e o fascínio dos jargões, como prova o alastramento do referido neologismo, é grande. Na construção de seu edifício teórico, contudo, Freud empregou termos correntes *e* antiquíssimos de sua língua – um procedimento que tentamos reproduzir na nossa. (N.T.)

conservada sem alterações, outra experimentou um desenvolvimento posterior.

Assim tocamos no problema mais geral da conservação no âmbito psíquico, que ainda mal foi estudado, mas que é tão atraente e significativo que merece um momento de atenção, ainda que nosso tema não nos dê motivo suficiente para tanto. Desde que superamos o erro de acreditar que o nosso esquecimento corriqueiro significa uma destruição do registro mnêmico, ou seja, uma aniquilação, nos inclinamos à suposição contrária, a de que na vida psíquica nada do que uma vez se formou pode perecer, de que tudo permanece conservado de alguma forma e pode ser trazido novamente à luz sob condições apropriadas – por exemplo, através de uma regressão de suficiente alcance. Através de uma comparação tomada de outro âmbito, tentemos esclarecer o conteúdo dessa suposição. Aproveitemos, quem sabe, o desenvolvimento da Cidade Eterna como exemplo.[6] Os historiadores nos informam que a Roma mais antiga foi a *Roma Quadrata*, uma colônia cercada no Monte Palatino. Seguiu-se então a fase do *Septimontium*, a unificação das colônias dos montes isolados; depois a cidade limitada

6. Conforme *The Cambridge Ancient History*, v.7 (1928): "*The Founding of Rome*", de Hugh Last.

pela Muralha Serviana, e mais tarde, após todas as transformações do período republicano e do primeiro período imperial, a cidade que o imperador Aureliano cercou com a sua muralha. Não queremos continuar acompanhando as transformações da cidade, mas nos perguntar o que um visitante, que imaginaremos dotado dos mais completos conhecimentos históricos e topográficos, ainda poderia encontrar desses estágios primitivos na Roma de hoje. Exceto por algumas brechas, ele verá a Muralha Aureliana quase intacta. Em alguns lugares, poderá encontrar partes da Muralha Serviana trazidas à luz por escavações. Se souber o bastante – mais que a arqueologia de hoje –, talvez ele possa acrescentar todo o traçado dessa muralha e o esboço da *Roma Quadrata* ao panorama da cidade. Dos edifícios que um dia ocuparam esses antigos limites, ele não encontrará mais nada ou somente alguns restos, pois não existem mais. O máximo que os melhores conhecimentos acerca da Roma republicana poderiam lhe oferecer seria a localização dos templos e edifícios públicos desse período. Esses lugares são hoje ocupados por ruínas, porém não desses mesmos templos e edifícios, mas de suas reconstruções em períodos posteriores, após incêndios e destruições. É quase desnecessário fazer menção especial ao fato de que todos esses restos da antiga Roma surgem dispersos no emaranhado de uma grande cidade formada nos últimos séculos, desde a Renascença. E muitas coisas antigas certamente ainda estão no solo da cidade ou enterradas sob as construções modernas. Esse é o tipo de conservação do passado que encontramos em lugares históricos como Roma.

Façamos agora a fantástica suposição de que Roma não seja a habitação de seres humanos, mas um ser psíquico com um passado de análoga extensão e riqueza, um ser, portanto, em que nada do que uma vez aconteceu tenha se perdido, em que ao lado da última fase de seu desenvolvimento todas as anteriores ainda continuem existindo. Isso significaria para Roma, portanto, que os palácios imperiais e o *Septizonium* de Sétimo Severo ainda se elevariam em sua antiga altura sobre o Palatino, que o Castel Sant'Angelo ainda ostentaria em suas ameias as belas estátuas que o adornavam até o cerco dos godos etc. Mais ainda, porém: no lugar do Palazzo Caffarelli, sem que fosse necessário demoli-lo, estaria outra vez o templo do Júpiter capitolino, e não apenas em sua última forma, como o viam os romanos do tempo dos césares, mas também nas mais antigas, quando ainda tinha aspecto etrusco e era ornamentado com antefixas de argila. Onde agora está o Coliseu, também poderíamos admirar a desaparecida *Domus aurea* de Nero; na Praça do Panteão, encontraríamos não apenas o Panteão atual, tal como este nos foi legado por Adriano, mas também, sobre o mesmo terreno, a construção original de M. Agripa; o mesmo solo, inclusive, sustentaria a igreja Maria sopra Minerva e o antigo templo sobre o qual foi construída. E para evocar uma ou outra dessas vistas, talvez bastasse apenas que o observador mudasse a direção de seu olhar ou o posto de observação.

Não tem sentido, evidentemente, levar adiante essa fantasia; ela leva ao inimaginável, mesmo ao absurdo. Se quisermos representar espacialmente a sucessão dos fatos históricos, isso apenas será possível por meio de uma justaposição no espaço; o mesmo espaço não comporta ser preenchido duas vezes. Nossa tentativa parece ser uma brincadeira ociosa; sua única justificativa é nos mostrar o quão longe estamos de dominar as particularidades da vida psíquica por meio de uma apresentação visual.

Ainda temos de nos posicionar quanto à seguinte objeção: por que escolhemos justamente o passado de uma cidade para compará-lo com o passado psíquico? A hipótese da conservação de todo o passado também vale para a vida psíquica apenas sob a condição de que o órgão da psique tenha permanecido intacto, de que seus tecidos não tenham sofrido traumas ou inflamações. Porém, ações destrutivas que pudéssemos comparar a esses agentes etiológicos não faltam na história de nenhuma cidade, mesmo que o seu passado tenha sido menos turbulento que o de Roma, mesmo que ela, tal como Londres, quase nunca tenha sido assolada por inimigos. Por mais pacífico que seja o desenvolvimento de uma cidade, ele inclui demolições e substituições de edifícios, razão pela qual a cidade é de antemão inadequada para semelhante comparação com um organismo psíquico.

Cedemos a essa objeção e, renunciando a um efeito contrastivo capaz de causar impressão, nos voltamos a um objeto de comparação pelo menos mais próximo, como é o caso do corpo animal ou humano. Mas também aqui encontramos a mesma coisa. As primeiras fases do desenvolvimento não se conservaram em nenhum sentido; elas foram absorvidas pelas fases posteriores, às quais forneceram o material. Não se consegue encontrar o embrião no adulto; o timo, presente na criança, é substituído por tecido conjuntivo depois da puberdade, mas ele próprio não existe mais; é verdade que nos ossos longos do homem adulto posso desenhar o contorno dos ossos infantis, mas estes desapareceram na medida em que se alongaram e se dilataram até atingir sua forma definitiva. Ficamos na mesma: semelhante conservação de todos os estados anteriores ao lado da forma final apenas é possível no âmbito psíquico e não estamos em condições de dar uma ideia clara desse fato.

Talvez estejamos indo longe demais nessa suposição. Talvez devêssemos nos contentar com a afirmação de que o passado *pode* ficar conservado na vida psíquica, de que não precisa ser *necessariamente* destruído. É possível, em todo caso, que também no psiquismo muito do que é antigo – em regra ou excepcionalmente – seja apagado ou consumido a tal ponto que não seja mais possível reconstituí-lo e revivê-lo através de processo algum, ou que a conservação dependa, em geral, de certas condições favoráveis. É possível, mas nada sabemos a respeito. Somente podemos nos ater ao fato de que a conservação do passado na vida psíquica é antes a regra do que uma exceção extraordinária.

Visto que estamos inteiramente dispostos a reconhecer que o sentimento "oceânico" existe em muitas pessoas, e inclinados a derivá-lo de uma fase inicial do sentimento do eu, coloca-se outra questão: que direito tem esse sentimento de ser reconhecido como a fonte das necessidades religiosas?

Esse direito não me parece convincente. Afinal, um sentimento apenas pode ser uma fonte de energia quando ele próprio é a expressão de uma forte necessidade. Quanto às necessidades religiosas, parece-me imperioso derivá-las do desamparo infantil e do anseio de presença paterna que ele desperta, tanto mais que esse sentimento não se prolonga simplesmente a partir da vida infantil, mas é conservado de modo duradouro pelo medo das forças superiores do destino. Eu não saberia indicar uma necessidade infantil que tivesse força semelhante à necessidade de proteção paterna. Desse modo, o papel do sentimento oceânico, que talvez pudesse aspirar à restauração do narcisismo ilimitado, é forçado a sair do primeiro plano. A origem da atitude religiosa pode ser seguida nitidamente até o sentimento de desamparo infantil. É possível que haja mais a descobrir por trás dele, mas, por ora, está encoberto pela névoa.

Consigo imaginar que o sentimento oceânico tenha estabelecido relações com a religião posteriormente. Essa unidade com o universo, que é o conteúdo ideativo que lhe corresponde, soa-nos como uma primeira tentativa de consolo religioso, como um outro meio de negar o perigo que o eu reconhece provir ameaçadoramente do mundo exterior. Confesso outra vez que me é muito difícil trabalhar com essas grandezas que mal são apreensíveis. Outro de meus amigos, levado por uma sede insaciável de conhecimento a realizar as mais insólitas experiências, e a se tornar, por fim, um sabe-tudo, me assegurou que nas práticas da ioga, por meio do afastamento em relação ao mundo exterior, da fixação da atenção nas funções corporais e de maneiras especiais de respirar, é realmente possível despertar em si mesmo novas sensações e cenestesias que ele julga serem regressões a estados arcaicos da vida psíquica, há muito encobertos. Ele vê neles uma fundamentação fisiológica, por assim dizer, de grande parte da sabedoria do misticismo. Seria fácil estabelecer relações com algumas modificações obscuras da vida psíquica, como o transe e o êxtase. Só que isso me força a exclamar com as palavras do mergulhador de Schiller:

> Que se alegre aquele que respira na rósea luz.[7]

---

7. Versos extraídos do poema "O mergulhador" (*Der Taucher*, 1797), de Friedrich Schiller. (N.R.)

II

Em meu escrito intitulado *O futuro de uma ilusão*, tratou-se muito menos das fontes mais profundas do sentimento religioso e muito mais daquilo que o homem comum entende por sua religião, do sistema de doutrinas e promessas que, por um lado, lhe esclarece os enigmas deste mundo com invejável completude e, por outro, lhe assegura que uma Providência cuidadosa zelará por sua vida e, numa existência no além, compensará eventuais frustrações. O homem comum não consegue imaginar essa Providência de outro modo a não ser na pessoa de um pai grandiosamente elevado. Somente um pai assim é capaz de conhecer as necessidades da criança humana, compadecer-se com suas súplicas, apaziguar-se com os sinais de seu arrependimento. Isso tudo é tão manifestamente infantil, tão alheio à realidade, que se torna doloroso para uma mentalidade humanitária pensar que a grande maioria dos mortais nunca poderá se elevar acima dessa concepção da vida. Mais vergonhoso ainda é saber do grande número de nossos contemporâneos que não podem deixar de reconhecer que essa religião é insustentável e mesmo assim procuram defendê-la parte por parte em lamentáveis combates de retirada. Gostaríamos de nos misturar às fileiras dos crentes para admoestar os filósofos que acreditam salvar o deus da religião ao substituí-lo por um princípio impessoal, vagamente abstrato: "Não tomarás o nome do Senhor teu Deus em vão!". Se alguns dos maiores espíritos das épocas passadas fizeram o mesmo, não é lícito invocar seu exemplo. Sabemos por que tiveram de agir como agiram.

Voltemos ao homem comum e à sua religião, a única que deveria levar esse nome. O que primeiro nos ocorre é a conhecida declaração de um de nossos maiores poetas e sábios, que trata da relação da religião com a arte e a ciência:

Quem tem arte e ciência
tem também religião;
Quem não tem nenhuma das duas,
que tenha religião![8]

Por um lado, esse dito opõe a religião às duas realizações supremas do homem; por outro,

8. Goethe, *Xênias mansas* IX (poemas do espólio).

assevera que em seu valor vital elas podem ser substituídas ou permutadas entre si. Se também quisermos negar a religião ao homem comum, evidentemente não teremos a autoridade do poeta ao nosso lado. Experimentemos um caminho peculiar para nos aproximarmos da apreciação de seu enunciado. A vida, tal como nos é imposta, é muito árdua para nós, nos traz muitas dores, desilusões e tarefas insolúveis. Para suportá-la, não podemos prescindir de lenitivos. ("As coisas não funcionam sem construções auxiliares", nos disse Theodor Fontane.[9]) Esses expedientes talvez sejam de três tipos: distrações poderosas que nos façam desdenhar nossa miséria, satisfações substitutivas que a amenizem e entorpecentes que nos tornem insensíveis a ela. Algo desse gênero é imprescindível.[10] Voltaire tem em vista as distrações quando termina o seu *Cândido* com o conselho de que se deve cultivar o próprio jardim; a atividade científica também

---

9. Escritor alemão. A citação provém do romance *Effi Briest* (1895), cap. 35. Eis o contexto: "Um homem a quem muitas coisas tinham dado errado me disse certa vez: 'Acredite em mim, Wüllersdorf, quando lhe digo que as coisas absolutamente não funcionam sem *construções auxiliares*!'. Quem me disse isso era um arquiteto, alguém que portanto devia entender do assunto." (N.T.)

10. Num nível mais baixo, Wilhelm Busch afirma o mesmo em *A devota Helena*: "Quem tem preocupações, também tem licor".

é uma distração desse tipo. Satisfações substitutivas tais como as oferecidas pela arte são ilusões se comparadas com a realidade, mas mesmo assim não são menos eficazes psiquicamente, graças ao papel que a fantasia conquistou na vida psíquica. Os entorpecentes influenciam nosso corpo, alteram seu quimismo. Não é simples indicar o lugar da religião nessa série. Teremos de prosseguir buscando.

A questão da finalidade da vida humana foi colocada inúmeras vezes; jamais obteve uma resposta satisfatória e talvez nem sequer a admita. Muitos dos que a levantaram acrescentaram que, caso se descobrisse que a vida humana não tem finalidade, ela perderia todo o seu valor para eles. Mas essa ameaça não muda nada. Parece, antes, que temos o direito a deixar tal pergunta sem resposta. Seu pressuposto parece ser aquela arrogância humana da qual já conhecemos tantas outras manifestações. Não se fala de uma finalidade da vida dos animais, a não ser que seu destino consiste em servir ao homem. Só que isso também não se sustenta, pois com muitos animais o homem não sabe o que fazer – a não ser descrevê-los, classificá-los e estudá-los –, e inúmeras espécies animais escaparam inclusive dessa utilização, pois viveram e se extinguiram antes que o homem as tivesse visto. Outra vez, só a religião sabe responder à pergunta sobre a finalidade da vida. Dificilmente se cometerá um erro ao julgar que a ideia de a vida ter uma finalidade depende inteiramente do sistema religioso.

Por essa razão, passaremos a uma pergunta mais modesta: o que os próprios seres humanos, através de seu comportamento, revelam ser a finalidade e o propósito de suas vidas? O que exigem da vida, o que nela querem alcançar? É difícil errar a resposta: eles aspiram à felicidade, querem se tornar felizes e assim permanecer. Essa aspiração tem dois lados, uma meta positiva e outra negativa: por um lado, a ausência de dor e desprazer, por outro, a vivência de sensações intensas de prazer. Em seu sentido literal mais estrito, "felicidade" refere-se apenas à segunda. Correspondendo a essa bipartição das metas, a atividade dos seres humanos se desdobra em duas direções, segundo ela busque realizar – predominante ou mesmo exclusivamente – uma ou outra dessas metas.

Como se percebe, o que estabelece a finalidade da vida é simplesmente o programa do princípio de prazer. Esse princípio comanda o funcionamento do aparelho psíquico desde o início; não cabem dúvidas quanto à sua conveniência, e, no entanto, seu programa está em conflito com o mundo inteiro, tanto com o macrocosmo quanto com o microcosmo. Ele é absolutamente irrealizável, todas as disposições do universo o contrariam; seria possível dizer que o propósito de que o homem seja "feliz" não faz parte do plano da "Criação". Aquilo que em seu sentido mais estrito é chamado de felicidade surge antes da súbita satisfação de necessidades represadas em alto grau e, segundo sua natureza, é possível apenas como fenômeno episódico. Toda permanência de uma situação anelada pelo princípio de prazer fornece apenas uma sensação de tépido bem-estar; somos feitos de tal modo que apenas podemos gozar intensamente o contraste e somente muito pouco o estado.[11] Dessa forma, nossas possibilidades de felicidade já são limitadas pela nossa constituição. Muito menores são os obstáculos para experimentar a infelicidade. O sofrimento ameaça de três lados: a partir do próprio corpo, que, destinado à ruína e à dissolução, não pode prescindir nem mesmo da dor e do medo como sinais de alarme; a partir do mundo externo, que pode se abater sobre nós com forças prepotentes, implacáveis e

11. Goethe inclusive adverte: "Nada é mais difícil de suportar do que uma série de dias bonitos". Mas isso pode ser um exagero.

destrutivas, e, por fim, das relações com os outros seres humanos. O sofrimento que provém desta última fonte talvez seja sentido de modo mais doloroso que qualquer outro; tendemos a considerá-lo como um ingrediente de certo modo supérfluo, embora não pudesse ser menos fatalmente inevitável que o sofrimento oriundo de outras fontes.

Sob a pressão dessas possibilidades de sofrimento, não espanta que os seres humanos costumem moderar suas reivindicações de felicidade, tal como o próprio princípio de prazer, sob a influência do mundo externo, se transformou no mais modesto princípio de realidade; não espanta que já se considerem felizes por terem escapado à infelicidade e resistido ao sofrimento, e que, de um modo geral, a tarefa de evitar o sofrimento desloque para segundo plano a de obter prazer. A reflexão ensina que a realização desta última pode ser tentada por caminhos muito diferentes; todos esses caminhos foram recomendados pelas diversas escolas de sabedoria de vida e seguidos pelos seres humanos. A satisfação ilimitada de todas as necessidades se destaca como a forma mais atraente de conduzir a vida, mas isso significa antepor o gozo à cautela e recebe seu castigo após breve exercício. Os demais métodos em que evitar o desprazer é a meta predominante distinguem-se de acordo com a fonte de desprazer à qual dão maior atenção. Há os procedimentos extremos e os moderados, há os unilaterais e aqueles que atacam várias frentes ao mesmo tempo. A proteção mais indicada contra o sofrimento que pode resultar das relações humanas é a solidão voluntária, o distanciamento em relação aos outros. Compreende-se: a felicidade que se pode alcançar por esse caminho é a da quietude. Contra o temido mundo externo não é possível defender-se de outra maneira senão por alguma espécie de afastamento, caso se queira resolver essa tarefa por si mesmo. Há, todavia, um caminho diferente e melhor: na condição de membro da comunidade humana, passar a atacar a natureza e a submetê-la à vontade humana com a ajuda da técnica guiada pela ciência. Trabalha-se assim com todos para a felicidade de todos. Contudo, os métodos mais interessantes para evitar o sofrimento são aqueles que procuram influenciar o próprio organismo. Afinal de contas, todo sofrimento é apenas sensação, existe apenas na medida em que o percebemos, e apenas o percebemos em consequência de certas disposições de nosso organismo.

O método mais grosseiro, mas também o mais eficaz de se obter tal influência, é o químico, a intoxicação. Não creio que alguém tenha compreendido seu mecanismo, mas o fato é que existem substâncias estranhas ao corpo cuja presença no sangue e nos tecidos nos proporciona sensações imediatas de prazer, além de modificar de tal modo as condições de nossa vida perceptiva a ponto de nos tornarmos incapazes de perceber sensações de desprazer. Ambos os efeitos não apenas ocorrem ao mesmo tempo, mas também parecem intimamente ligados. Em nosso próprio quimismo, contudo, também deve haver substâncias que produzam efeitos semelhantes, pois conhecemos pelo menos um estado mórbido, a mania, em que ocorre esse comportamento análogo à embriaguez sem qualquer ingestão de tóxicos. Além disso, nossa vida psíquica normal mostra oscilações que vão de uma liberação de prazer mais fácil a uma mais difícil, paralela às quais há uma sensibilidade diminuída ou aumentada para o desprazer. É de se lamentar profundamente que esse aspecto tóxico de nossos processos psíquicos tenha se esquivado até agora à investigação científica. O êxito dos tóxicos na luta pela felicidade e no afastamento da desgraça é tão apreciado como benefício que tanto indivíduos quanto povos lhes concederam um lugar fixo na sua economia libidinal. Não se deve a eles apenas o ganho imediato de prazer, mas também uma parcela ardentemente desejada de independência em relação ao mundo externo. Pois se sabe que com a ajuda da "apaga-tristeza" se pode sempre escapar da pressão da realidade e encontrar refúgio num mundo próprio com melhores condições de sensibilidade. É sabido que justamente essa propriedade dos tóxicos também determina seus perigos e sua nocividade. Por vezes, eles são responsáveis pelo desperdício de grandes quantidades de energia que poderiam ter sido empregadas no melhoramento do destino humano.

Contudo, a complicada construção de nosso aparelho psíquico também permite toda uma série de influências diferentes. Visto que satisfação dos impulsos equivale à felicidade, torna-se causa de grave sofrimento quando o mundo exterior nos deixa na indigência, quando se recusa a saciar nossas necessidades. Desse modo, agindo sobre esses impulsos pode-se esperar o alívio de uma parte do sofrimento. Esse tipo de defesa contra o sofrimento não afeta mais o aparelho sensorial; ele busca dominar as fontes interiores das necessidades. Isso ocorre de maneira extrema quando se mortificam os impulsos do modo ensinado pela sabedoria de vida oriental e praticado pela ioga. Todavia, quando se é bem-sucedido nisso, também se renunciou a todas as outras atividades (sacrificou-se a vida), alcançando mais uma vez, por outro caminho, apenas a felicidade da quietude. Com metas mais modestas, segue-se o mesmo caminho quando apenas se aspira ao domínio sobre a vida impulsional. O que então domina são as instâncias psíquicas superiores que se submeteram ao princípio de realidade. Isso não significa de modo algum que se renunciou ao propósito de satisfação; uma certa proteção contra o sofrimento é alcançada pelo fato de a não satisfação dos impulsos mantidos sob sujeição não ser sentida tão dolorosamente como a dos impulsos livres. Em compensação, há uma inegável diminuição das possibilidades de gozo. O sentimento de felicidade originado da satisfação de uma moção de impulso selvagem, não domada pelo eu, é incomparavelmente mais intenso que aquele que resulta da saciação de um impulso domesticado. O caráter irresistível dos impulsos perversos [*perverser Impulse*], talvez a atração do proibido em geral, encontra aqui uma explicação econômica.

Uma outra técnica de defesa contra o sofrimento serve-se dos deslocamentos libidinais permitidos pelo nosso aparelho psíquico, por meio dos quais sua função tanto ganha em flexibilidade. A tarefa a ser resolvida consiste em deslocar de tal modo as metas dos impulsos que elas não possam ser atingidas pela frustração do mundo exterior. A sublimação dos impulsos presta o seu auxílio para tanto. Isso é alcançado sobretudo quando se consegue elevar de modo satisfatório o ganho de prazer obtido de fontes de trabalho psíquico e intelectual. Desse modo, o destino pouco pode fazer contra nós. Satisfações desse tipo, como a alegria do artista ao criar, em dar corpo aos produtos de sua fantasia, ou a do pesquisador na solução de problemas e na descoberta da verdade, têm uma qualidade especial que um dia com certeza seremos capazes de caracterizar metapsicologicamente. Por ora, apenas podemos dizer de modo figurado que elas nos parecem "mais finas e mais elevadas", mas a sua intensidade, comparada àquela oriunda da saciação de moções de impulso mais grosseiras, mais primárias, é reduzida; elas não agitam a nossa corporeidade. Contudo, o ponto fraco desse método reside no fato de não ser universalmente aplicável, de ser acessível apenas a poucos seres humanos. Ele pressupõe disposições e aptidões especiais, não exatamente frequentes na proporção eficaz. Mesmo a esses poucos ele não é capaz de assegurar uma proteção completa contra o sofrimento, não lhes oferece uma couraça impenetrável contra as setas do destino, e costuma fracassar quando o próprio corpo se torna a fonte do sofrimento.[12]

Se esse procedimento já revela com clareza a intenção de procurar independência em relação

---

12. Quando não há uma disposição especial que prescreva de modo imperioso a direção dos interesses vitais, o trabalho profissional ordinário, acessível a qualquer um, pode ocupar o lugar que lhe foi indicado pelo sábio conselho de Voltaire. Não é possível apreciar adequadamente o significado do trabalho para a economia libidinal no quadro de um panorama sucinto. Nenhuma outra técnica de condução da vida ata o indivíduo tão firmemente à realidade quanto a insistência do trabalho, que ao menos o inclui com segurança numa parte da realidade, na comunidade humana. A possibilidade de deslocar uma quantidade considerável de componentes libidinais, sejam eles narcísicos, agressivos e mesmo eróticos para o trabalho profissional e para as relações humanas ligadas a ele, confere-lhe um valor que não fica atrás da sua indispensabilidade para sustentar e justificar a existência em sociedade. A atividade profissional oferece uma satisfação especial quando é escolhida livremente, ou seja, quando permite tornar utilizáveis, através de sublimação, inclinações existentes, moções de impulso contínuas ou constitucionalmente reforçadas. E, no entanto, o trabalho é pouco apreciado pelos seres humanos como caminho para a felicidade. Não se acorre a ele como a outras possibilidades de satisfação. A grande maioria dos seres humanos trabalha apenas sob coação, e dessa repulsa natural dos homens ao trabalho derivam-se os mais graves problemas sociais.

ao mundo exterior, na medida em que a pessoa busca satisfações nos processos interiores, psíquicos, os mesmos traços se destacam com intensidade ainda maior no procedimento que agora passamos a examinar. Nele, a ligação com a realidade se torna ainda mais frouxa, a satisfação é obtida a partir de ilusões reconhecidas como tais, sem que se permita que o seu afastamento da realidade perturbe o gozo. A região donde provêm tais ilusões é a da vida fantasística; quando o desenvolvimento do senso de realidade se completou, ela foi expressamente dispensada das exigências da prova de realidade e foi destinada ao cumprimento de desejos de difícil realização. No topo dessas satisfações fantasísticas se encontra o gozo de obras de arte, também tornado acessível a quem não é criador através da mediação do artista.[13] Quem é sensível à influência da arte não tem palavras suficientes para louvá-la como fonte de prazer e consolo para a vida. No entanto, a suave narcose em que a arte nos coloca não é capaz de produzir mais do que uma libertação fugaz das desgraças da vida, e não é forte o bastante para fazer esquecer a miséria real.

13. Cf. "Formulações acerca dos dois princípios do processo psíquico" (1911) e *Conferências de introdução à psicanálise* (1916-1917), XXIII.

Há outro procedimento mais enérgico e mais radical que considera que o único inimigo é a realidade, a qual seria a fonte de todo sofrimento e com a qual não se pode conviver, sendo preciso, por isso, cortar todas as relações com ela caso se queira ser feliz em algum sentido. O eremita volta as costas para este mundo, não quer ter nada a ver com ele. Mas é possível fazer mais que isso, é possível querer a sua transformação, a construção de um outro mundo em seu lugar, do qual os aspectos mais insuportáveis sejam eliminados e substituídos por outros mais de acordo com os próprios desejos. Em regra, não alcançará coisa alguma quem segue esse caminho para a felicidade com revolta desesperada; a realidade é forte demais para ele. Irá enlouquecer e dificilmente encontrará quem o ajude na realização de seu delírio. Afirma-se, porém, que cada um de nós se comporta, em algum ponto, de maneira semelhante ao paranoico, corrigindo um aspecto insuportável da realidade por meio de uma formação de desejo e introduzindo esse delírio na realidade. É particularmente digno de nota o caso em que um grande número de pessoas empreende conjuntamente a tentativa de obter garantias de felicidade e proteção contra o sofrimento mediante uma transformação delirante da realidade. Precisamos caracterizar também as religiões da humanidade como delírios coletivos desse tipo. E quem toma parte do delírio, obviamente nunca o reconhece como tal.

Não acredito que seja completa essa enumeração dos métodos através dos quais os seres humanos se esforçam em obter a felicidade e manter o sofrimento à distância, e sei também que a matéria admitiria outros arranjos. Ainda não mencionei um desses procedimentos; não que o tenha esquecido, mas porque ele ainda nos ocupará em outro contexto. E como seria possível esquecer justamente essa técnica da arte de viver? Ela se distingue pela mais notável associação de traços característicos. Obviamente, ela também aspira à independência em relação ao destino – como é melhor chamá-lo –, e, com esse propósito, desloca a satisfação para processos psíquicos interiores, servindo-se para isso da já mencionada deslocabilidade da libido, embora não se afaste do mundo externo, mas, ao contrário, se agarre a seus objetos e obtenha a felicidade a partir de uma relação afetiva com eles. Ao fazê-lo, tampouco se satisfaz com a meta fatigada e resignada, por assim dizer, de evitar o desprazer, mas passa por ela sem lhe dar atenção e se aferra à aspiração original, passional, de realização positiva da felicidade. Talvez ela de fato se aproxime mais dessa meta que qualquer outro método. Refiro-me, é claro, àquela orientação da vida que toma o amor como centro, que espera toda satisfação do fato de amar e ser amado. Semelhante orientação psíquica é bastante compreensível a todos nós; uma das manifestações do amor, o amor sexual, nos proporcionou a mais intensa experiência de uma sensação avassaladora de prazer, fornecendo-nos assim o modelo de nossas aspirações de felicidade. O que é mais natural que persistirmos em buscar a felicidade na mesma via em que pela primeira vez a encontramos? O ponto fraco dessa técnica de vida é bem evidente; caso contrário, ninguém teria pensado em trocar esse caminho para a felicidade por outro. Jamais estamos tão desprotegidos contra o sofrimento do que quando amamos, jamais nos tornamos tão desamparadamente infelizes do que quando perdemos o objeto amado ou o seu amor. Contudo, isso não esgota a técnica de vida baseada no valor de felicidade do amor; há muito mais a dizer a respeito.

Pode-se acrescentar neste ponto o interessante caso em que a felicidade de viver é buscada sobretudo no gozo da beleza, onde quer que ela se mostre aos nossos sentidos e ao nosso juízo – da beleza das formas e dos gestos humanos, dos objetos naturais e das paisagens, das criações artísticas e mesmo científicas. Essa postura estética em relação à meta da vida oferece pouca proteção contra sofrimentos iminentes, embora seja capaz de compensar muitas coisas. O gozo da beleza tem um caráter sensível particular, suavemente embriagador. A beleza não tem uma utilidade evidente, sua necessidade cultural não é reconhecível, e, no entanto, não se poderia prescindir dela na cultura. A ciência da estética investiga as condições em que o belo é percebido; ela não foi capaz de dar explicação alguma acerca da natureza e da origem da beleza; como de costume, a ausência de resultados foi encoberta com um dispêndio de palavras sonoras e vazias. Infelizmente, a psicanálise também não tem muito a dizer sobre a beleza. Apenas a derivação a partir do âmbito da sensibilidade sexual parece assegurada; seria uma amostra exemplar de moção de meta inibida. A "beleza" e o "encanto" são originalmente qualidades do objeto sexual. É digno de nota que os próprios genitais, cujo aspecto sempre tem efeito excitante, quase nunca são julgados belos, e que o caráter de beleza, ao contrário, parece ligado a certas características sexuais secundárias.

Apesar das mencionadas limitações de minha enumeração, já me atrevo a fazer algumas observações conclusivas à nossa investigação. O programa que o princípio de prazer nos impõe, o de sermos felizes, não é realizável, mas não nos é permitido – ou melhor, não nos é possível – renunciar aos esforços de tentar realizá-lo de alguma maneira. Para tanto, pode-se escolher caminhos muito diversos, colocando em primeiro lugar o conteúdo positivo da meta, o ganho de prazer, ou o negativo, o de evitar o desprazer. Em nenhum desses caminhos podemos alcançar tudo o que queremos. Nesse sentido moderado em que é reconhecida como possível, a felicidade é um problema da economia libidinal do indivíduo. Não há conselho que sirva para todos; cada um precisa experimentar por si próprio a maneira particular pela qual pode se tornar feliz. Os mais variados fatores farão valer seus direitos para lhe indicar o caminho de sua escolha. O que importa é o quanto de satisfação real ele tem a esperar do mundo exterior, e até onde é levado a se tornar independente dele; por fim, também, de quanta força ele julga dispor para modificá-lo conforme seus desejos.

Já nisso, além das circunstâncias externas, será decisiva a constituição psíquica do indivíduo. Aquele que for predominantemente erótico dará preferência às relações afetivas com outras pessoas, aquele que for mais narcísico e autossuficiente buscará as satisfações essenciais em seus processos psíquicos interiores, o homem de ação não renunciará ao mundo exterior, no qual pode demonstrar a sua força. Para os tipos intermediários, o gênero de seus talentos e a medida de sublimação dos impulsos de que forem capazes se tornarão determinantes para o direcionamento de seus interesses. Toda decisão extrema implica a punição de expor o indivíduo a perigos que a insuficiência da técnica de vida escolhida com exclusividade traz consigo. Do mesmo modo que o comerciante cauteloso evita investir todo o seu capital num só lugar, assim talvez a sabedoria de vida também aconselhe a não esperar toda satisfação de uma só aspiração. O êxito nunca é certo, depende da convergência de muitos fatores, talvez de nenhum outro mais que da capacidade da constituição psíquica em adaptar sua função ao ambiente e aproveitá-lo para o ganho de prazer. Quem tiver herdado uma constituição de impulsos particularmente desfavorável e não tiver passado de modo regular pela transformação e pelo reordenamento – imprescindíveis para realizações posteriores – de seus componentes libidinais, terá problemas em obter felicidade a partir de sua situação exterior, sobretudo quando colocado diante de tarefas mais difíceis. Como última técnica de vida, que ao menos lhe promete satisfações substitutivas, oferece-se a ele a fuga para a doença neurótica, na maioria das vezes já efetuada na juventude. E quem, em momentos posteriores de sua vida, vê seus esforços pela felicidade fracassarem, ainda encontra consolo no ganho de prazer da intoxicação crônica, ou empreende a desesperada tentativa de rebelião da psicose.[14]

A religião prejudica esse jogo de escolha e adaptação ao impor a todos, do mesmo modo, o seu caminho para a obtenção da felicidade e para a proteção contra o sofrimento. Sua técnica consiste em depreciar o valor da vida e desfigurar a imagem do mundo real de modo delirante, o que tem como pressuposto a intimidação da inteligência. A esse preço, mediante a fixação

---

14. Sou forçado a indicar pelo menos uma das lacunas da exposição acima. Uma consideração das possibilidades humanas de felicidade não deveria deixar de levar em conta a proporção relativa de narcisismo em comparação com a libido objetal. O que se quer saber é o que significa para a economia libidinal depender, no essencial, de si mesma.

forçada num infantilismo psíquico e a inclusão num delírio coletivo, a religião é bem-sucedida em poupar muitos seres humanos da neurose individual. Mas pouco mais do que isso; há, como dissemos, muitos caminhos que podem levar à felicidade tal como esta é alcançável pelo homem, mas nenhum que leve a ela com segurança. Também a religião não pode cumprir sua promessa. Quando o crente finalmente se vê forçado a falar dos "desígnios inescrutáveis" de Deus, confessa com isso que só lhe restou a submissão incondicional como última possibilidade de consolo e fonte de prazer no sofrimento. E, se está disposto a ela, provavelmente poderia ter se poupado o rodeio.

III

Nossa investigação sobre a felicidade pouco nos ensinou até agora que já não seja do conhecimento geral. Mesmo que a levemos adiante ao perguntar por que é tão difícil para os seres humanos se tornarem felizes, a perspectiva de aprender algo novo não parece muito maior. Já demos a resposta ao indicarmos as três fontes donde provém nosso sofrimento: a prepotência da natureza, a fragilidade de nosso próprio corpo e a deficiência das disposições que regulam os relacionamentos dos seres humanos na família, no Estado e na sociedade. Quanto às duas primeiras, nosso juízo não pode hesitar por muito tempo; somos forçados a reconhecer essas fontes de sofrimento e a nos resignarmos com a sua inevitabilidade. Jamais dominaremos a natureza completamente, e nosso organismo, ele próprio uma parte dessa natureza, sempre será uma formação transitória, limitada em sua adaptação e em sua operação. Desse conhecimento não se deriva nenhum efeito paralisante; ao contrário, ele indica a direção de nossa atividade. Se não podemos suprimir todo o sofrimento, podemos pelo menos suprimir uma parte dele, mitigando a outra; uma experiência de milhares de anos nos convenceu disso. Em relação à terceira fonte de sofrimento, a social, nos comportamos de outra maneira. De modo algum queremos admiti-la, não conseguimos entender por que as disposições que nós mesmos criamos não deveriam antes representar proteção e benefício para todos nós. Contudo, quando refletimos sobre o quanto fomos malsucedidos justamente nessa parte da proteção contra o sofrimento, desperta a suspeita de que também por trás disso poderia haver uma porção da natureza invencível – neste caso, nossa própria constituição psíquica.

Em vias de nos ocuparmos dessa possibilidade, topamos com uma asserção que é tão espantosa que queremos nos deter nela. Segundo tal asserção, uma grande parte da culpa pela nossa miséria é de nossa chamada cultura; seríamos muito mais felizes se desistíssemos dela e retornássemos a condições primitivas. Eu a chamo de espantosa porque – seja como for que se defina o conceito de cultura – é certo que tudo aquilo com que tentamos nos proteger da ameaça oriunda das fontes de sofrimento pertence justamente a essa mesma cultura.

Como foi que tantos seres humanos chegaram a esse ponto de vista de surpreendente hostilidade à cultura? Penso que um descontentamento profundo e prolongado com o respectivo estado de cultura preparou o solo sobre o qual, em certas ocasiões históricas, surgiu uma condenação. Acredito reconhecer a última e a penúltima dessas ocasiões; não sou erudito o bastante para seguir toda a série delas ao longo da história da espécie humana. Semelhante fator de hostilidade à cultura já deve ter tomado parte na vitória do cristianismo sobre as religiões pagãs. Tal fator, pelo menos, estava muito próximo da depreciação da vida terrena consumada pela doutrina cristã. A penúltima ocasião se apresentou quando o avanço das viagens de descobrimento permitiu o contato com povos e tribos primitivos. A partir de uma observação insuficiente e de uma compreensão equivocada de seus usos e costumes, os europeus julgaram que eles levavam uma vida feliz, simples, com poucas necessidades, algo inatingível para os visitantes culturalmente superiores. A experiência subsequente corrigiu alguns juízos dessa espécie; em muitos casos, um grau de facilitação da vida, que se devia à generosidade da natureza e à comodidade na satisfação das grandes necessidades, foi atribuído erroneamente à ausência de intrincadas exigências culturais. A última ocasião nos é especialmente familiar; ela se apresentou quando se compreendeu o mecanismo das neuroses que ameaçam solapar o pouquinho de felicidade do homem aculturado. Descobriu-se que o ser humano se torna neurótico porque não é capaz de suportar o grau de frustração que a sociedade lhe impõe a serviço dos ideais culturais, e disso se concluiu que suprimir ou reduzir consideravelmente essas exigências significaria um retorno a possibilidades de ser feliz.

Soma-se a isso ainda um fator de desilusão. Ao longo das últimas gerações, os homens fizeram progressos extraordinários nas ciências naturais e nas suas aplicações técnicas, consolidando o domínio sobre a natureza de uma maneira impensável no passado. Os detalhes desses progressos são de conhecimento geral, e não é necessário enumerá-los. Os seres humanos têm orgulho dessas conquistas e têm direito a tanto. Mas eles acreditam ter percebido que essa recém-adquirida disposição sobre o espaço e o tempo, essa sujeição das forças naturais, a realização de um anseio milenar, não elevou o grau de satisfação prazerosa que esperam da vida, que essa disposição sobre o espaço e o tempo não os tornou, segundo suas impressões, mais felizes. Dessa constatação, deveríamos nos contentar em extrair a conclusão de que o poder sobre a natureza não é a única condição da felicidade humana, assim como não é a única meta dos esforços culturais, sem derivar disso que os progressos técnicos não possuem valor para a economia de nossa felicidade. Alguém poderia objetar: não é um ganho positivo de prazer, um aumento inequívoco do sentimento de felicidade, se posso ouvir com a frequência que quiser a voz do filho que mora a centenas de quilômetros de mim, se pouco depois que o amigo desembarcou posso ficar sabendo que tudo correu bem na longa e cansativa viagem? Não significa nada que a medicina tenha conseguido reduzir tão drasticamente a mortalidade infantil e o risco de infecção das parturientes, e que tenha até conseguido aumentar em muitos anos a duração média da vida do homem aculturado? Além desses benefícios, que devemos à tão invectivada época dos progressos técnicos e científicos, ainda podemos mencionar muitos outros; mas neste ponto se faz ouvir a voz da crítica pessimista, advertindo que a maioria dessas satisfações segue o modelo daquele "prazer barato" recomendado por certa anedota.

Esse prazer é obtido quando, numa noite fria de inverno, se coloca a perna nua para fora dos cobertores, recolhendo-a em seguida. Se não existissem ferrovias que superassem as distâncias, então o filho nunca teria deixado a cidade natal e não se precisaria de telefone para ouvir a sua voz. Se não houvesse a navegação transoceânica, o amigo não teria empreendido a viagem marítima e eu não precisaria do telégrafo para acalmar minha preocupação por ele. De que nos adianta a diminuição da mortalidade infantil, se justamente isso nos obriga a uma contenção extrema na geração de filhos, de modo que, em geral, não criamos mais crianças que nas épocas anteriores ao império da higiene, ao mesmo tempo em que colocamos nossa vida sexual no casamento em condições difíceis e provavelmente contrariamos a benéfica seleção natural? E, por fim, de que nos adianta uma vida longa se ela é penosa, pobre em alegrias e tão cheia de sofrimento que só podemos dar as boas-vindas à morte, saudando-a como libertadora?

Parece certo que não nos sentimos bem em nossa cultura atual, mas é muito difícil saber se os homens de épocas anteriores se sentiram mais felizes, e em que medida, e que parte as condições culturais tinham nisso. Sempre teremos a tendência de apreender a miséria objetivamente, isto é, de nos deslocarmos para as condições de outras épocas com as nossas pretensões e suscetibilidades, para então verificar que ocasiões para sensações de felicidade e infelicidade nelas encontraríamos. Essa espécie de consideração, que parece objetiva porque não leva em conta as variações da sensibilidade subjetiva, é obviamente a mais subjetiva possível, na medida em que coloca a própria constituição psíquica no lugar de outras que são todas desconhecidas. A felicidade, porém, é algo inteiramente subjetivo. Por mais que recuemos horrorizados frente a certas situações – a do escravo das galés na Antiguidade, a do camponês na Guerra dos Trinta Anos, a da vítima da Santa Inquisição ou a do judeu que esperava o *pogrom* – é impossível nos colocarmos em seus lugares, perceber as modificações que o embotamento original, o entorpecimento gradual, a eliminação das expectativas e as formas mais grosseiras ou mais refinadas de narcotização provocaram na receptividade às sensações de prazer e desprazer. No caso de possibilidade extrema de sofrimento, também entram em atividade certos dispositivos psíquicos de proteção. Parece-me infrutífero prosseguir nesse aspecto do problema.

É hora de tratarmos da essência dessa cultura cujo valor de felicidade é posto em dúvida. Não vamos exigir nenhuma fórmula que exprima essa essência em poucas palavras antes mesmo que a nossa investigação nos tenha ensinado algo. Basta-nos, portanto, repetir[15] que a palavra "cultura" designa a soma total de realizações e disposições pelas quais a nossa vida se afasta da de nossos antepassados animais, sendo que tais realizações e disposições servem a dois fins: a proteção do homem contra a natureza e a regulamentação das relações dos homens entre si. Para entender mais, buscaremos um por um os traços da cultura, tal como se mostram nas comunidades humanas. Ao fazê-lo, nos deixaremos conduzir sem hesitações pelo uso linguístico, ou, como também se diz, pela sensibilidade para a linguagem, confiando que desse modo façamos justiça a conhecimentos interiores que ainda resistem à expressão em palavras abstratas.

O começo é fácil: reconhecemos como culturais todas as atividades e todos os valores que servem ao homem na medida em que colocam a Terra a seu serviço, protegem-no contra a violência das forças da natureza etc. Acerca desse

15. Cf. *O futuro de uma ilusão*.

aspecto da cultura há pouquíssimas dúvidas. Para retroceder o suficiente, acrescentemos que os primeiros feitos culturais foram o uso de ferramentas, a domesticação do fogo e a construção de moradias. Dentre eles, a domesticação do fogo se destaca como uma realização absolutamente extraordinária, sem precedentes[16]; com os outros feitos, o homem tomou caminhos que desde então continuou a seguir e para os quais é fácil adivinhar o estímulo. Com todas

16. Material psicanalítico incompleto, não suscetível de interpretação segura, permite ao menos uma hipótese – que soa fantástica – acerca da origem dessa façanha humana. Ao encontrar fogo, o homem primitivo teria tido o hábito de satisfazer um prazer infantil apagando-o com o seu jato de urina. Acerca da concepção fálica original das chamas se elevando em labaredas, se erguendo nas alturas, lendas conservadas não deixam dúvida. Apagar o fogo através da urina – algo que as modernas crianças gigantes que são Gulliver em Liliput e o Gargântua de Rabelais ainda fazem – era, portanto, como um ato sexual com um homem, um gozo da potência viril na competição homossexual. Quem primeiro renunciou a esse prazer, poupando o fogo, pôde levá-lo consigo e submetê-lo a seu serviço. Ao sufocar o fogo de sua própria excitação sexual, ele domesticou essa força natural que é o fogo. Essa grande conquista cultural seria, portanto, a recompensa pela renúncia a um impulso. Além disso, a mulher teria sido designada guardiã do fogo mantido prisioneiro no lar doméstico, pois sua constituição anatômica lhe proibia ceder a semelhante tentação de prazer. Também é digna de nota a regularidade com que as experiências analíticas atestam o nexo entre ambição, fogo e erotismo urinário. [Freud retoma o tema desta nota no trabalho "A aquisição e o controle do fogo" (1932). (N.R.)]

as suas ferramentas, o homem aperfeiçoa os seus órgãos – tanto os da motilidade quanto os da sensibilidade – ou remove as barreiras para a sua operação. Os motores lhe colocam forças gigantescas à disposição, que ele pode direcionar, como os seus músculos, para onde quiser; o navio e o avião fazem com que nem a água nem o ar possam impedir sua movimentação. Com os óculos, ele corrige as deficiências da lente em seu olho; com o telescópio, enxerga a distâncias remotas; com o microscópio, supera os limites da visibilidade impostos pela estrutura de sua retina. Com a máquina fotográfica, ele criou um instrumento que retém as fugazes impressões visuais, algo que o disco de gramofone faz com as igualmente passageiras impressões sonoras, sendo ambos, no fundo, materializações de sua capacidade de recordação, de sua memória. Com a ajuda do telefone, ele ouve de distâncias que mesmo os contos de fadas respeitariam como inalcançáveis; originalmente, a escrita é a linguagem de quem está ausente; a moradia, um substituto para o útero materno, a primeira, provavelmente ainda aspirada habitação, em que estávamos seguros e nos sentíamos tão bem.

O que o homem produziu através de sua ciência e de sua técnica neste planeta, em que surgiu, de início, na condição de uma débil criatura animal, e em que cada indivíduo de sua espécie tem de ingressar outra vez na condição de bebê desamparado – *oh inch of nature!* [17] –, não soa apenas como um conto de fadas, mas é a verdadeira realização de todos – quer dizer, de quase todos – os desejos dos contos de fadas. Todo esse patrimônio pode ser considerado pelo homem como uma aquisição cultural. Em tempos remotos, ele formou um ideal de onipotência e onisciência que corporificou em seus deuses. A eles atribuiu tudo que parecia inacessível aos seus desejos – ou que lhe era proibido. Pode-se dizer, portanto, que esses deuses eram ideais culturais.[18] Agora ele se aproximou bastante de alcançar esse ideal, ele próprio quase se tornou um deus. Todavia, apenas da maneira que, segundo o juízo humano geral, os ideais costumam ser alcançados. Não de modo completo, em muitos aspectos de modo algum,

17. "Oh, polegada de natureza!" Citação, ligeiramente alterada, de uma frase dirigida por Péricles a sua filha recém-nascida no romance *As penosas aventuras de Péricles, príncipe de Tiro* (1608), de George Wilkins. (N.T.)

18. Esta passagem é uma das que deixa evidente que o termo "civilização" não pode substituir sempre o termo *Kultur*, empregado por Freud neste ensaio. Sobre a tradução deste termo, ver o prefácio a este volume. (N.R.)

em outros apenas pela metade. O homem se tornou uma espécie de deus protético, por assim dizer, realmente grandioso quando coloca todos os seus órgãos auxiliares, só que eles não se integraram nele e ocasionalmente ainda lhe dão muito o que fazer. De resto, ele tem direito a se consolar com o fato de que esse desenvolvimento não estará encerrado exatamente no ano de 1930 d.C. Épocas futuras trarão consigo progressos novos e de dimensões possivelmente inimagináveis nesse âmbito da cultura, aumentando ainda mais a semelhança do homem com Deus. No interesse de nossa investigação, porém, não esqueçamos que o homem atual não se sente feliz em sua semelhança com Deus.

Reconhecemos, portanto, o nível cultural de um país ao vermos que nele se trata e se cuida metodicamente de tudo que serve à exploração da Terra pelo homem e à sua proteção contra as forças naturais, em suma: de tudo que lhe é útil. Num país assim, o curso dos rios que ameaçam com seus transbordamentos é regulado, e suas águas são desviadas por meio de canais para lugares em que são necessárias. O solo é cuidadosamente preparado e coberto com as plantas que é capaz de produzir, os tesouros minerais das profundezas são extraídos diligentemente e transformados nas ferramentas e nos utensílios de que se necessita. Os meios de transporte são abundantes, velozes e confiáveis, os animais perigosos e selvagens foram exterminados, a criação de animais domésticos está em pleno florescimento. Porém, ainda fazemos outras exigências à cultura, e esperamos, notavelmente, vê-las realizadas nesses mesmos países. Como se quiséssemos negar a primeira exigência que fizemos, também saudamos como cultural o fato de o zelo do homem se voltar igualmente para coisas que de modo algum são úteis, e que parecem antes inúteis – por exemplo, os canteiros de flores que embelezam os espaços verdes de uma cidade, necessários como parques infantis e reservatórios de ar, ou as floreiras que enfeitam as janelas das residências. Logo percebemos que a inutilidade cuja apreciação esperamos por parte da cultura é a beleza; exigimos que o homem aculturado venere o belo onde quer que o encontre na natureza, e que o produza em forma de objetos na medida em que o trabalho de suas mãos o permita. Mas com isso ainda estamos muito longe de esgotar nossas exigências à cultura. Ainda exigimos ver os sinais de limpeza e de ordem. Não temos em alta conta o nível cultural de um vilarejo inglês da época de Shakespeare quando lemos que havia um grande monte de esterco diante das portas de sua casa paterna, em Stratford; quando encontramos os caminhos do Bosque de Viena cheios de papéis, nos indignamos e chamamos o fato de "bárbaro", o que é o antônimo de aculturado. A sujeira de qualquer tipo nos parece incompatível com a cultura; também estendemos a exigência de limpeza ao corpo humano: ouvimos com espanto acerca do mau cheiro que a pessoa do *Roi Soleil* [19] costumava exalar, e balançamos a cabeça quando nos mostram em Isola Bella a minúscula bacia de que Napoleão se servia para suas abluções matinais. Na verdade, não nos surpreendemos se alguém coloca o uso do sabão como verdadeiro medidor cultural. Algo semelhante ocorre com a ordem, que, tal como a limpeza, se aplica inteiramente à obra humana. Porém, enquanto não temos direito de esperar asseio na natureza, a ordem, pelo contrário, foi com ela aprendida; a observação das grandes regularidades astronômicas não deu ao homem apenas o modelo, mas também os primeiros pontos de apoio para a introdução da ordem em sua vida. A ordem é uma espécie de compulsão à

---

19. O Rei Sol, como era chamado o rei francês Luís XIV. (N.T.)

repetição que, uma vez instituída, decide quando, onde e como alguma coisa deve ser feita, de modo que se poupam dúvidas e hesitações em todos os casos idênticos. Os benefícios da ordem são inegáveis; ela possibilita ao homem o melhor uso do espaço e do tempo enquanto poupa suas forças psíquicas. Teríamos direito a esperar que ela se impusesse desde o início e de maneira espontânea no agir humano, e pode causar espanto que tal não seja o caso, mas que o homem revele, pelo contrário, uma tendência natural para a negligência, a irregularidade e a falta de seriedade em seu trabalho, e que precise ser educado com muito esforço para imitar os modelos celestes.

A beleza, a limpeza e a ordem ocupam evidentemente uma posição especial entre as exigências culturais. Ninguém afirmará que elas têm a mesma importância vital que a dominação das forças da natureza e que outros fatores que ainda teremos de conhecer, e, no entanto, ninguém gostaria de preteri-las como coisas secundárias. Que a cultura não pensa apenas na utilidade, isso já nos mostra o exemplo da beleza, que não queremos que esteja ausente entre os seus interesses. A utilidade da ordem é bem evidente; quanto à limpeza, temos de considerar que ela também é exigida pela higiene, e podemos supor que esse nexo não era inteiramente desconhecido do homem antes mesmo da época da profilaxia científica. Mas a utilidade não esclarece inteiramente a aspiração; algo mais deve estar em jogo.

Porém, através de nenhum outro traço julgamos caracterizar melhor a cultura do que através da estima e do cultivo das atividades psíquicas superiores, das realizações intelectuais, científicas e artísticas, do papel dirigente concedido às ideias na vida das pessoas. À frente dessas ideias se encontram os sistemas religiosos, sobre cuja intrincada estrutura procurei lançar luz em outra obra[20]; ao lado deles, encontram-se as especulações filosóficas, e, por fim, aquilo que se pode chamar de formações de ideal do homem, suas ideias acerca de uma perfeição possível do indivíduo, da nação, de toda a humanidade, e as exigências que essas formações colocam com base em tais ideias. O fato de essas criações não serem independentes entre si, mas, ao contrário, profundamente entrelaçadas, dificulta tanto a sua apresentação quanto a sua derivação psicológica. Se supusermos de um modo bastante geral que o motor de todas as

20. Cf. o ensaio *O futuro de uma ilusão* (1927). (N.R.)

atividades humanas é a aspiração às duas metas confluentes da utilidade e do ganho de prazer, então o mesmo também deve valer para essas expressões culturais que acabamos de citar, embora isso seja facilmente visível apenas para a atividade científica e para a artística. Não se pode duvidar, porém, que também as demais correspondam a fortes necessidades humanas, talvez àquelas que estejam desenvolvidas apenas numa minoria. Também não devemos nos deixar enganar por juízos de valor acerca de alguns desses sistemas filosóficos ou religiosos e desses ideais; quer se busque neles a suprema realização do espírito humano, quer os lamentemos como erros, é preciso reconhecer que a sua existência, especialmente a sua supremacia, significa um alto nível de cultura.

O último traço de uma cultura que temos de considerar, decerto não o menos importante, é o modo como são regulamentadas as relações dos seres humanos entre si, as relações sociais que dizem respeito ao ser humano na condição de vizinho, de ajudante, de objeto sexual de outro, de membro de uma família, de um Estado. Neste ponto é particularmente difícil livrar-se de determinadas exigências ideais e apreender aquilo que é propriamente cultural.

Comecemos com a explicação, talvez, de que o elemento cultural esteja dado com a primeira tentativa de regulamentar essas relações sociais. Se não ocorresse tal tentativa, essas relações ficariam submetidas ao arbítrio do indivíduo, quer dizer, aquele que fosse mais forte fisicamente as decidiria de acordo com seus interesses e impulsos. E nada mudaria nisso se o mais forte encontrasse outro ainda mais forte que ele. A convivência humana só se torna possível quando se reúne uma maioria que é mais forte que cada indivíduo e que permanece unida contra cada um deles. Na condição de "direito", o poder dessa comunidade se opõe então ao poder do indivíduo, condenado como "força bruta". A substituição do poder do indivíduo pelo poder da comunidade é o passo cultural decisivo. Sua essência consiste no fato de que os membros da comunidade se restringem em suas possibilidades de satisfação, enquanto o indivíduo não conhecia tais restrições. A exigência cultural seguinte, portanto, é a da justiça, isto é, a garantia de que o ordenamento jurídico estabelecido não venha a ser quebrado em favor de um indivíduo. Com isso, não se decide acerca do valor ético de semelhante direito. O desenvolvimento cultural posterior parece tender no sentido de que esse direito não seja mais a expressão da vontade de uma comunidade restrita – casta, camada da população, grupo étnico – que se comporta em relação a outras massas, talvez mais amplas, de modo semelhante a um indivíduo violento. O resultado final deve ser um direito para o qual todos – pelo menos todos os que são capazes de tomar parte numa comunidade – tenham contribuído com o sacrifício de seus impulsos, e que não permita que ninguém – mais uma vez com a mesma exceção – se torne vítima da força bruta.

A liberdade individual não é um bem cultural. Ela era a maior possível antes de qualquer cultura; contudo, naqueles tempos ela em geral não tinha valor, pois o indivíduo dificilmente era capaz de defendê-la. Por meio do desenvolvimento cultural, ela sofreu restrições, e a justiça exige que ninguém seja poupado dessas restrições. Aquilo que numa comunidade humana se agita como ímpeto libertário pode ser uma rebelião contra uma injustiça ainda existente e se tornar favorável a um desenvolvimento posterior da cultura, permanecendo com ela compatível. Mas ele também pode se originar de um resto de personalidade originário, não domado pela cultura, e se tornar o fundamento da hostilidade contra essa cultura. Portanto, o ímpeto libertário se dirige contra determinadas formas e exigências da cultura ou contra a cultura em geral. Não parece que se possa levar o homem, através de algum tipo de influência, a transformar a sua natureza na de um cupim; é provável que ele sempre defenda sua pretensão à liberdade individual contra a vontade da massa. Uma boa parte da luta da humanidade se concentra em torno da tarefa de encontrar um equilíbrio conveniente, ou seja, capaz de proporcionar felicidade, entre essas exigências individuais e as reivindicações culturais das massas, e é um dos problemas cruciais da humanidade saber se esse equilíbrio é alcançável através de uma determinada conformação da cultura ou se o conflito é irreconciliável.

Ao deixarmos que o senso comum nos dissesse quais os traços na vida do homem que podem ser chamados de culturais, recebemos uma impressão nítida do panorama da cultura; todavia, por ora nada aprendemos que não seja do conhecimento geral. Ao mesmo tempo, tomamos o cuidado de não concordar com o preconceito de que cultura é sinônimo de aperfeiçoamento, de que é o caminho da perfeição traçado para os seres humanos. Agora, porém, impõe-se a nós uma concepção que talvez conduza a outros lugares. O desenvolvimento cultural nos parece um processo peculiar experimentado pela humanidade em que muitas coisas nos parecem familiares. Podemos caracterizar esse processo por meio das modificações que efetua nas conhecidas disposições dos impulsos humanos, cuja satisfação, contudo, é a tarefa econômica de nossa vida. Alguns desses impulsos são consumidos de tal forma que surge em seu lugar algo que descrevemos, quando se trata do indivíduo, como uma qualidade de caráter. Encontramos o exemplo mais notável desse processo no erotismo anal da criança. Seu interesse original pela função excretória, por seus órgãos e produtos, transforma-se no decorrer do crescimento no grupo de qualidades que nos são conhecidas como parcimônia, senso de ordem e de limpeza, as quais, por si mesmas, são valiosas e bem-vindas, e que podem se intensificar até atingir um predomínio considerável e resultar naquilo que se chama de caráter anal. Não sabemos como isso é possível, mas não restam dúvidas quanto ao acerto dessa concepção.[21] Bem, mas descobrimos que a ordem e a limpeza

21. Cf. "Caráter e erotismo anal" (1908) e vários artigos de Ernest Jones, entre outros.

são exigências culturais essenciais, embora a sua necessidade para a vida não seja logo evidente, tampouco sua adequação como fonte de gozo. Neste ponto deveria se impor a nós, antes de mais nada, a semelhança do processo cultural com o desenvolvimento da libido do indivíduo. Outros impulsos são levados a deslocar as condições de sua satisfação, a transferi-las para outros caminhos, o que na maioria dos casos coincide com a nossa bem conhecida *sublimação* (das metas dos impulsos), e em outros ainda se deixa dela distinguir. A sublimação dos impulsos é um traço especialmente destacado do desenvolvimento cultural; ela possibilita que atividades psíquicas superiores – científicas, artísticas e ideológicas – representem um papel tão significativo na vida cultural. Quando se cede à primeira impressão, fica-se tentado a afirmar que a sublimação é, antes de tudo, um destino imposto aos impulsos pela cultura. Mas é melhor refletir mais sobre isso. Em terceiro lugar, por fim, e isso parece ser o mais importante, é impossível não enxergar em que medida a cultura está alicerçada na renúncia aos impulsos, o quanto justamente ela pressupõe de não satisfação (repressão, recalcamento ou o quê?) de impulsos poderosos. Essa "frustração cultural" domina o vasto âmbito das relações sociais do homem; já sabemos que é a causa da hostilidade contra a qual todas as culturas têm de lutar. Ela também colocará sérias exigências ao nosso trabalho científico; temos muito que explicar aí. Não é fácil entender como se torna possível privar um impulso de sua satisfação. Isso não é de forma alguma tão inofensivo; caso não seja compensado economicamente, deve-se estar preparado para sérias perturbações.

Se quisermos saber, porém, que valor pode reivindicar nossa concepção do desenvolvimento cultural como um processo particular comparável à maturação normal do indivíduo, teremos de abordar, evidentemente, um outro problema; teremos de perguntar a que influências o desenvolvimento cultural deve sua origem, como ele surgiu e o que determinou seu curso.

IV

ESSA TAREFA PARECE DESMEDIDA; é preciso confessar o nosso desânimo. Eis o pouco que pude conjecturar.

Depois que o homem primitivo descobriu que estava em suas mãos – literalmente falando – melhorar o seu destino na Terra por meio do trabalho, não lhe pôde ser indiferente o fato de que outro trabalhasse com ele ou contra ele. O outro adquiriu para ele o valor de colaborador, com quem era útil conviver. Antes ainda, em seu passado simiesco, o homem adotou o hábito de formar famílias; os membros da família foram provavelmente os seus primeiros ajudantes. Pode-se presumir que a fundação da família esteve ligada ao fato de que a necessidade de satisfação genital não se apresentou mais como um visitante que surge subitamente e, depois de sua partida, não dá mais notícias por longo tempo, mas que ela se alojou no indivíduo como um inquilino permanente. Isso deu ao macho motivo para manter consigo a mulher, ou, dito de um modo mais geral, os objetos sexuais; além disso, as fêmeas, que não queriam se separar de seus filhotes desamparados, tinham de ficar, no interesse deles, com o macho mais forte.[22] Nessa

22. A periodicidade orgânica do processo sexual se conservou, é verdade, mas a sua influência sobre a excitação sexual psíquica se inverteu. Essa mudança se relaciona, muito provavelmente, com a diminuição dos estímulos olfativos por meio dos quais o processo menstrual atuava sobre a psique masculina. Seu papel foi assumido pelos estímulos visuais, que, ao contrário dos estímulos olfativos intermitentes, podiam conservar um efeito permanente. O tabu da menstruação provém desse "recalcamento orgânico", como defesa contra uma fase superada do desenvolvimento; todas as outras motivações são, provavelmente, de natureza secundária (cf. C.D. Daly, 1927). Esse processo se repete em outro nível quando os deuses de um período cultural ultrapassado se transformam em demônios. A diminuição dos estímulos olfativos parece mesmo ser consequência do afastamento do homem em relação à terra, da determinação de andar ereto, que tornou visíveis e necessitados de proteção os genitais até então encobertos, suscitando assim a vergonha. Assim, no início do fatídico processo cultural estaria a elevação do homem à postura vertical. Partindo daí, a cadeia de acontecimentos passa pela desvalorização dos estímulos olfativos e pelo isolamento do período menstrual; chega ao predomínio dos estímulos visuais, à exposição dos genitais, prossegue até a continuidade da excitação sexual, a fundação da família e, com isso, ao limiar da cultura humana. Isso é apenas uma especulação teórica, mas suficientemente importante para merecer uma verificação cuidadosa com base nas condições de vida dos animais próximos ao ser humano.

Na aspiração cultural por limpeza, que encontra uma justificação posterior nas considerações higiênicas, mas que já se havia exteriorizado antes que estas fossem compreendidas, também há um inconfundível fator social. O estímulo para a limpeza nasce do ímpeto de remover os excrementos, que se tornaram desagradáveis para a percepção sensorial. Sabemos que as coisas são diferentes no quarto das crianças. Os excrementos não família primitiva ainda damos pela falta de um traço essencial da cultura; o arbítrio do chefe e pai era ilimitado. Em *Totem e tabu* fiz a tentativa de apresentar o caminho que conduziu dessa família ao estágio seguinte de convivência sob a forma de alianças entre irmãos. Ao subjugar o pai, os filhos fizeram a experiência de que uma associação pode ser mais forte que um indivíduo. A cultura totêmica repousa sobre as restrições que eles precisaram impor uns aos

---

despertam nelas nenhuma repulsa, mas lhes parecem valiosos como parte que se desprendeu de seus corpos. Quanto a este ponto, a educação insiste de maneira especialmente enérgica na aceleração do desenvolvimento iminente que deve tornar os excrementos sem valor, asquerosos, repulsivos e detestáveis. Tal reviravolta de valores dificilmente seria possível se essa matéria subtraída ao corpo não fosse condenada pelos seus odores intensos a partilhar do destino reservado aos estímulos olfativos depois que o homem se ergueu do solo. Assim, o erotismo anal sucumbe em primeiro lugar ao "recalcamento orgânico" que abriu o caminho para a cultura. O fator social, responsável pela transformação posterior do erotismo anal, é atestado pelo fato de que, apesar de todos os progressos no desenvolvimento, o odor dos próprios excrementos mal é sentido como repulsivo pelo indivíduo, apenas o das excreções alheias. O desasseado, ou seja, aquele que não esconde seus excrementos, ofende assim o outro, não mostra consideração por ele, e o mesmo exprimem também os insultos mais enérgicos e mais usuais. Também seria incompreensível que o homem usasse o nome de seu mais fiel amigo no reino animal como insulto se o cão não atraísse seu desprezo por causa de duas características: o fato de ser um animal farejador que não recua diante dos excrementos e o de não se envergonhar de suas funções sexuais.

outros para a manutenção do novo estado. As prescrições do tabu foram o primeiro "direito". A convivência dos seres humanos foi assim duplamente motivada: através da coação ao trabalho, resultado da necessidade exterior, e através do poder do amor, que, da parte do homem, não queria prescindir da mulher como objeto sexual, e, da parte desta, não queria prescindir da criança, um fragmento que se desprendeu dela. Eros e ananque[23] também se tornaram os pais da cultura humana. O primeiro êxito cultural foi o fato de que mesmo um grande número de seres humanos pôde permanecer em comunidade. E visto que duas grandes potências agiram em conjunto para tanto, seria de se esperar que o desenvolvimento subsequente se realizasse sem percalços, tanto no sentido de um domínio sempre melhor sobre o mundo exterior, quanto no da ampliação continuada do número de seres humanos abrangidos pela comunidade. Tampouco é fácil compreender de que outro modo essa cultura poderia agir sobre seus membros senão tornando-os felizes.

Antes de investigarmos donde pode provir alguma perturbação, façamos uma digressão, tomando como ponto de partida o fato de reco-

23. O amor e a necessidade. (N.T.)

nhecermos o amor como um fundamento da cultura, preenchendo assim uma lacuna deixada numa discussão anterior. Havíamos afirmado que a experiência de o amor sexual (genital) proporcionar ao ser humano as mais intensas vivências de satisfação, de lhe dar propriamente o modelo para toda a felicidade, deveria ter lhe sugerido que continuasse buscando-a para a sua vida no âmbito das relações sexuais, que colocasse o erotismo genital no centro de sua vida. Prosseguimos afirmando que por esse caminho a pessoa se torna perigosamente dependente de uma parte do mundo exterior, a saber, do objeto de amor escolhido, e se expõe ao mais extremo sofrimento quando este a desdenha ou quando ela o perde devido à infidelidade ou à morte. Por tal razão, os sábios de todas as épocas desaconselharam enfaticamente esse caminho de vida; para um grande número de seres humanos, porém, ele não perdeu o seu atrativo.

A uma minúscula minoria, no entanto, graças à sua constituição, é possibilitado encontrar a felicidade nesse caminho, embora grandes modificações psíquicas da função do amor sejam imprescindíveis. Essas pessoas se tornam independentes do assentimento do objeto ao não colocarem o valor principal no fato de serem amadas, mas no de amar; protegem-se contra a sua perda ao dirigirem seu amor não a objetos isolados, mas a todos os seres humanos na mesma medida, e evitam as oscilações e os desenganos do amor genital afastando-se de sua meta sexual, transformando o impulso numa moção de *meta inibida*. O que produzem dessa forma em si mesmas – o estado de uma sensibilidade terna, imperturbável, equilibrada – não possui mais muita semelhança exterior com a vida amorosa genital, tempestuosamente agitada, da qual no entanto se derivou. Nesse aproveitamento do amor para o sentimento interior de felicidade, São Francisco de Assis deve ter sido aquele que foi mais longe; o que reconhecemos como uma das técnicas de realização do princípio de prazer também foi relacionado de variadas formas com a religião, com a qual deve estar ligado naquelas regiões longínquas em que a distinção entre o eu e os objetos, e destes entre si, é deixada de lado. Certa reflexão ética, cuja motivação mais profunda ainda se tornará clara para nós, julga enxergar nessa disposição ao amor universal pelos seres humanos e pelo mundo a atitude suprema à qual o homem pode se elevar. Desde já gostaríamos de manifestar duas de nossas principais dúvidas. Parece-nos que um amor que não escolhe perde uma parte de seu próprio valor na medida em que comete uma injustiça com o objeto. E mais: nem todos os seres humanos são dignos de amor.

Esse amor que fundou a família permanece ativo na cultura, tanto em seu cunho original, em que não prescinde da satisfação sexual direta, quanto em sua modificação como ternura de meta inibida. Em ambas as formas ele prossegue sua função de ligar um número maior de seres humanos entre si, e de uma maneira mais forte do que o interesse da comunidade de trabalho é capaz de fazê-lo. O desleixo da linguagem no emprego da palavra "amor" encontra uma justificação genética. É chamada de amor a relação entre um homem e uma mulher que em razão de suas necessidades genitais fundaram uma família, mas também recebem esse nome os sentimentos positivos entre pais e filhos, e entre os irmãos na família, embora tenhamos de descrever essa relação como amor de meta inibida, como ternura. Em suas origens, o amor de meta inibida foi plenamente sensual, e ainda continua a sê-lo no inconsciente do homem. Ambos, o amor plenamente sensual e o amor de meta inibida, estendem-se além da família e produzem novas ligações com pessoas até então estranhas. O amor genital leva à formação de novas famílias, o de meta inibida, a "amizades" que se tornam culturalmente importantes porque escapam a algumas limitações do amor genital – por exemplo, à sua exclusividade. Mas a relação do amor com a cultura perde o seu caráter inequívoco no decorrer do desenvolvimento. Por um lado, o amor se opõe aos interesses da cultura; por outro, esta ameaça o amor com sensíveis limitações.

Essa discórdia parece inevitável; sua razão não é de imediato reconhecível. Ela se expressa, de início, como um conflito entre a família e a comunidade maior a que o indivíduo pertence. Já descobrimos que um dos principais empenhos da cultura é aglomerar os seres humanos em grandes unidades. A família, porém, não quer largar o indivíduo. Quanto mais estreita a coesão dos membros da família, tanto mais eles tendem a se isolar dos outros, tanto mais difícil se torna para eles a entrada em esferas maiores da vida. A forma de convivência filogeneticamente mais antiga, existente apenas na infância, se defende contra a substituição pela forma cultural de convivência, adquirida posteriormente. O desligamento da família se torna para cada jovem uma tarefa em cuja solução a sociedade frequentemente o apoia por meio de ritos de puberdade e de iniciação. Fica-se com a impressão de que essas são dificuldades ligadas a todo desenvolvimento psíquico, e inclusive, no fundo, a todo desenvolvimento orgânico.

Além disso, as mesmas mulheres que, com as exigências de seu amor, de início assentaram os fundamentos da cultura, logo se opõem ao seu curso e passam a exercer uma influência retardadora e bloqueadora. As mulheres representam os interesses da família e da vida sexual; o trabalho da cultura se tornou sempre mais um assunto de homens, coloca-lhes tarefas sempre mais pesadas, força-os a sublimações dos impulsos de que as mulheres são pouco capazes. Visto que o homem não dispõe de quantidades ilimitadas de energia psíquica, precisa executar suas tarefas através de uma divisão apropriada da libido. Aquilo que emprega para fins culturais, ele subtrai em sua maior parte das mulheres e da vida sexual: a convivência constante com outros homens e sua dependência das relações com eles chegam inclusive a afastá-lo de suas tarefas de marido e de pai. Desse modo, a mulher se vê relegada ao segundo plano pelas exigências da cultura e entra numa relação hostil com esta.

Da parte da cultura, a tendência de limitar a vida sexual não é menos nítida que a tendência de ampliar o âmbito cultural. Já a primeira fase da cultura, a do totemismo, traz consigo a proibição da escolha incestuosa de objeto, talvez a mais radical mutilação que a vida amorosa humana experimentou ao longo das épocas. Através de tabus, leis e costumes, são estabelecidas outras limitações que atingem tanto os homens quanto as mulheres. Nem todas as culturas vão tão longe quanto a isso; a estrutura econômica da sociedade também influencia a medida da liberdade sexual restante. Já sabemos que neste ponto a cultura obedece à coação da necessidade econômica, visto que ela precisa subtrair à vida sexual uma grande quantidade de energia psíquica que ela mesma trata de gastar. Nisso a cultura se comporta em relação à sexualidade do mesmo modo que um grupo étnico ou uma camada da população que submeteu outra à sua exploração. O medo da rebelião dos oprimidos leva à adoção de rigorosas medidas preventivas. Nossa cultura europeia ocidental exibe um ponto culminante desse desenvolvimento. Do ponto de vista psicológico, é inteiramente justificado que ela comece com a proibição das expressões da vida sexual infantil, pois a restrição dos apetites sexuais do adulto não tem qualquer perspectiva de êxito se não for preparada já na infância. Só que não se deixa justificar de modo algum que a sociedade aculturada tenha ido tão longe a ponto de também negar esses fenômenos facilmente demonstráveis, que até saltam aos olhos. A escolha objetal do indivíduo sexualmente maduro é limitada ao sexo oposto, e a maioria das satisfações extragenitais é proibida como perversão. A exigência expressa nessas proibições, a de uma vida sexual idêntica para todos, desconsidera as desigualdades na constituição sexual inata e adquirida dos seres humanos, priva um número considerável deles do gozo sexual e se torna assim fonte de grave injustiça. O êxito dessas medidas restritivas poderia ser o de direcionar, sem perdas, todo o interesse sexual daqueles que são normais, que não sofrem de nenhum impedimento constitucional, para os canais que ficaram abertos. Mas aquilo que não é banido, o amor genital heterossexual, continua sendo afetado através das limitações representadas pela legalidade e pela monogamia. A cultura atual deixa claro que apenas permitirá relações sexuais sobre a base de um compromisso único, indissolúvel, entre um homem e uma mulher, que não aprecia a sexualidade como fonte independente de prazer e que apenas está disposta a tolerá-la como fonte até agora insubstituível para a reprodução da espécie.

Isso é um extremo, obviamente. É sabido que se mostrou irrealizável, mesmo por curtos períodos. Somente os fracotes se submeteram a um roubo tão considerável de sua liberdade sexual; naturezas mais fortes o fizeram apenas sob uma condição compensatória da qual poderemos falar mais adiante. A sociedade aculturada se obrigou a aceitar em silêncio muitas transgressões que, de acordo com suas regras, deveria ter perseguido. Mas não devemos nos enganar noutro sentido e supor que semelhante atitude cultural seja inofensiva por não alcançar todos os seus objetivos. A vida sexual do homem aculturado está seriamente afetada; às vezes, dá a impressão de ser uma função que se encontra em processo involutivo, tal como parecem estar nossos dentes e cabelos na condição de órgãos. Provavelmente temos o direito de supor que sua importância como fonte de sensações de felicidade e, portanto, para a realização da meta de nossas vidas, diminuiu de maneira sensível.[24]

24. Entre as obras do sutil escritor inglês John Galsworthy, que hoje goza de reconhecimento universal, cedo apreciei uma pequena história intitulada “A macieira”. Ela mostra de maneira penetrante como não há mais espaço para o amor simples e natural de duas pessoas na vida do homem aculturado de hoje.

Às vezes acreditamos perceber que não é apenas a pressão da cultura, mas algo na essência da própria função que nos nega a satisfação completa e nos impele para outros caminhos. Pode ser um erro; é difícil decidir.[25]

---

25. Algumas observações para apoiar a suposição que expressamos acima: também o ser humano é uma criatura animal de inequívoca disposição bissexual. O indivíduo corresponde a uma fusão de duas metades simétricas, das quais, segundo a opinião de alguns pesquisadores, uma delas é inteiramente masculina, e a outra, feminina. Também é possível que cada metade fosse originalmente hermafrodita. A sexualidade é um fato biológico que, embora de extraordinária significação para a vida psíquica, é difícil de apreender psicologicamente. Estamos habituados a dizer: cada pessoa apresenta moções do impulso, necessidades e atributos masculinos e femininos, mas o caráter do masculino e do feminino pode ser indicado apenas pela anatomia, e não pela psicologia. Para esta, o contraste sexual se desbota no contraste da atividade e da passividade, sendo que de maneira demasiado fácil fazemos a atividade coincidir com a masculinidade e a passividade com a feminilidade, o que de modo algum é confirmado sem exceções no reino animal. A teoria da bissexualidade ainda é muito obscura, e o fato de que ainda não tenha encontrado ligação com a teoria dos impulsos é algo que temos de sentir como uma falha grave na psicanálise. Seja lá como for, se supomos como efetivo que o indivíduo quer satisfazer desejos masculinos e femininos em sua vida sexual, estamos preparados para a possibilidade de que essas exigências não serão cumpridas pelo mesmo objeto e de que se atrapalham mutuamente quando não se consegue mantê-las separadas e direcionar cada moção para uma via específica, a ela adequada. Outra dificuldade resulta do fato de a relação erótica, além de seus componentes sádicos próprios, ser frequentemente acompanhada de uma cota de franca tendência agressiva. O objeto de amor nem sempre demonstrará tanta compreensão

e tolerância com essas complicações quanto aquela camponesa que se lamenta que seu marido deixou de amá-la porque faz uma semana que não a espanca mais.

Mais profundo, porém, é o alcance da suposição – que se liga ao que expomos na nota do início deste capítulo – de que, com a elevação do homem à postura ereta e a desvalorização do olfato, toda a sexualidade, e não apenas o erotismo anal, ameaçou se tornar uma vítima do recalcamento orgânico, de maneira que desde então a função sexual é acompanhada de uma relutância, cujo fundamento não pode ser encontrado em outra parte, que impede uma satisfação plena e a afasta da meta sexual, levando a sublimações e deslocamentos libidinais. Sei que Bleuler ("A resistência sexual", *Anuário de investigações psicanalíticas e psicopatológicas*, vol. 5, 1913) indicou certa vez a existência de semelhante atitude básica de aversão à vida sexual. O fato de que *inter urinas et faeces nascimur* [nascemos em meio a urina e fezes] escandaliza todos os neuróticos, e não só eles. Os genitais também produzem fortes odores que para muitas pessoas são insuportáveis e lhes tiram o prazer da relação sexual. Resultaria assim, como raiz mais profunda do recalcamento sexual que acompanha a cultura, a defesa orgânica da nova forma de vida conquistada com o andar ereto contra a antiga existência animal, um resultado da investigação científica que coincide de maneira notável com preconceitos banais ouvidos com frequência. Em todo o caso, essas são possibilidades por enquanto ainda incertas, não confirmadas pela ciência. Também não esqueçamos que, apesar da inegável desvalorização dos estímulos olfativos, há povos que, mesmo na Europa, apreciam muito os fortes odores genitais, para nós tão repulsivos, como estimulantes da sexualidade, e a eles não querem renunciar. (Vejam-se os levantamentos folclóricos da "enquete" de Iwan Bloch, "Sobre o olfato na *vita sexualis*", em diversos números da *Anthropophyteia* de Friedrich S. Krauss.)

V

O TRABALHO PSICANALÍTICO nos mostrou que são precisamente essas frustrações da vida sexual o que os chamados neuróticos não toleram. Em seus sintomas, eles criam para si satisfações substitutivas, as quais, porém, produzem sofrimento por si mesmas ou se tornam fontes de sofrimento ao lhes causar dificuldades com o mundo circundante e com a sociedade. Este último fato é facilmente compreensível, o primeiro nos propõe um novo enigma. A cultura, porém, ainda exige outros sacrifícios além do da satisfação sexual.

Entendemos a dificuldade do desenvolvimento da cultura como uma dificuldade geral de desenvolvimento, e isso na medida em que a atribuímos à inércia da libido, à sua aversão em abandonar uma posição antiga por uma nova. Dizemos aproximadamente a mesma coisa quando derivamos a oposição entre cultura e sexualidade do fato de que o amor sexual é uma relação entre duas pessoas em que uma terceira apenas pode ser supérflua ou incômoda, enquanto a cultura repousa sobre relações entre um número maior de pessoas. No auge de uma relação amorosa, não resta nenhum interesse pelo mundo circundante; o casal de amantes basta a si mesmo e nem sequer precisa do filho comum para ser feliz. Em nenhum outro caso Eros revela tão claramente o núcleo de seu ser, a intenção de fazer um a partir de vários; mas, quando alcançou isso do modo que se tornou proverbial, com o enamoramento de duas pessoas, não quer ir além.

Até o ponto em que chegamos, podemos imaginar muito bem uma comunidade aculturada formada por tais indivíduos duplos, que, saciados libidinalmente em si mesmos, estejam ligados uns aos outros através do laço da comunidade de trabalho e de interesses. Neste caso, a cultura não precisaria subtrair nenhuma energia à sexualidade. Mas esse estado desejável não existe e nunca existiu; a realidade nos mostra que a cultura não se contenta com as ligações que até agora lhe foram concedidas, que também quer ligar os membros da comunidade libidinalmente entre si e que para tanto se serve de todos os meios, favorece todos os caminhos para produzir fortes identificações entre eles, convocando grandes quantidades de libido de meta inibida para reforçar os laços comunitários através de relações de amizade. Para a realização desses propósitos, a restrição da vida sexual se torna inevitável. Ainda não compreendemos, porém, a necessidade que impele a cultura a tomar esse caminho e que fundamenta seu antagonismo à sexualidade. Deve se tratar de um fator de perturbação que ainda não descobrimos.

Uma das chamadas exigências ideais da sociedade aculturada pode nos indicar a pista. Ela diz: "Amarás o teu próximo como a ti mesmo"; é universalmente conhecida, e com certeza anterior ao cristianismo, que a apresenta como a sua mais soberba reivindicação, mas seguramente não muito antiga; mesmo em épocas históricas, ainda era desconhecida do homem. Adotemos uma postura ingênua diante dela, como se a ouvíssemos pela primeira vez. Será impossível reprimir um sentimento de espanto e de estranheza. Por que deveríamos fazer isso? De que nos serviria? E sobretudo, como conseguiríamos fazê-lo? Como nos seria possível? O meu amor é algo valioso para mim, que não devo desperdiçar sem prestar contas. Ele me impõe deveres, que devo estar disposto a cumprir com sacrifício. Se eu amar uma pessoa, ela deve merecê-lo de algum modo. (Não levo em conta o proveito que ela possa me trazer, nem o seu possível significado para mim na condição de objeto sexual; essas duas espécies de relação não são consideradas no preceito do amor ao próximo.) Ela o merece se, em aspectos importantes, for tão parecida comigo que eu possa amar a mim mesmo nela; ela o merece se for mais perfeita que eu, de modo que eu possa amar nela o ideal de minha própria pessoa; tenho de amá-la se for filho de meu amigo, pois a dor do amigo, quando algum sofrimento o atinge, também seria minha dor, e eu teria de partilhá-la. Mas quando a pessoa for uma estranha para mim e não puder me atrair com nenhum valor próprio nem qualquer significação já adquirida para minha vida afetiva, torna-se difícil amá-la. Eu cometeria inclusive uma injustiça se o fizesse, pois meu amor é avaliado por todos os meus como preferência; seria uma injustiça contra eles colocar um estranho no mesmo patamar. Mas se devo amá-la com aquele amor universal apenas porque ela também é uma criatura desta Terra, tal como o inseto, a minhoca, a cobra-d'água, então lhe caberá, assim temo, uma quantia mínima de amor, a qual é impossível que seja tão grande quanto aquela que, conforme o juízo da razão, estou justificado a reservar para mim mesmo. Para que um preceito tão pomposo, se o seu cumprimento não pode ser recomendado como racional?

Se observar com maior atenção, encontro ainda mais dificuldades. Esse estranho não é apenas geralmente indigno de amor; tenho de confessar honestamente que ele tem mais direito a minha hostilidade, até a meu ódio. Ele não parece ter o mínimo amor por mim, não demonstra por mim a menor consideração. Caso lhe possa trazer algum proveito, não hesitará em me prejudicar, e ao fazê-lo também não se perguntará se o montante de seu proveito corresponde ao tamanho do dano que me provoca. Na realidade, ele não precisa sequer tirar algum proveito daí; se apenas puder satisfazer algum prazer com isso, não se importará em zombar de mim, me ofender, me caluniar, me mostrar que tem poder sobre mim, e quanto mais seguro se sentir, quanto mais desamparado eu for, tanto mais devo esperar esse comportamento de sua parte em relação a mim. Caso se comporte de outro modo, caso, na condição de estranho, demonstrar consideração e respeito por mim, estarei disposto, de todo modo, a lhe retribuir de igual maneira, sem a necessidade daquele preceito. Se esse grandioso mandamento dissesse

"Amarás o teu próximo como o teu próximo te ama", eu não protestaria. Há um segundo mandamento, que me parece ainda mais incompreensível e que desencadeia em mim uma resistência ainda mais forte. Ele diz: "Amarás os teus inimigos". Se pensar bem, não tenho razão para rejeitá-lo como sendo uma exigência ainda mais severa. No fundo, é a mesma coisa.[26]

Neste ponto acredito ouvir a admoestação de uma voz respeitável: "Justamente porque o teu próximo não é digno de amor, e é antes teu inimigo, é que deves amá-lo como a ti mesmo". Então compreendo que é um caso semelhante ao do *credo quia absurdum*.[27]

É bem possível que o meu próximo, quando exortado a me amar como a si mesmo, responda

26. Um grande escritor pode se permitir, ao menos zombeteiramente, a expressão de verdades psicológicas muito malvistas. Eis o que Heinrich Heine confessa: "Tenho a mais pacífica das índoles. Meus desejos são: uma choupana modesta, um teto de palha, mas boa cama, boa comida, leite e manteiga bem frescos, flores diante da janela, algumas belas árvores diante da porta e, se o bom Deus quiser me fazer inteiramente feliz, me deixará experimentar a alegria de ver seis ou sete de meus inimigos pendurados nessas árvores. Diante de suas mortes, lhes perdoarei com o coração enternecido toda a maldade que cometeram contra mim em vida – sim, deve-se perdoar seus inimigos, mas não antes que sejam enforcados". (Heine, *Pensamentos e lampejos.*)

27. "Creio porque é absurdo." Frase atribuída a Tertuliano (c.150-c.220), teólogo romano. (N.T.)

exatamente do mesmo modo que eu e me rechace pelas mesmas razões. Espero que não seja com o mesmo direito objetivo, mas ele também dirá isso. Todavia, há diferenças no comportamento das pessoas que a ética, sem levar em conta tudo aquilo que as condiciona, classifica como "boas" ou "más". Enquanto essas diferenças inegáveis não forem eliminadas, a obediência a elevadas exigências éticas significa um prejuízo aos propósitos culturais, na medida em que estabelece prêmios imediatos para a maldade. Neste ponto não se pode deixar de lembrar um fato ocorrido no Parlamento francês quando se discutia a pena de morte; um orador havia defendido apaixonadamente a sua abolição e colhido aplausos frenéticos até que alguém na sala gritou: "*Que messieurs les assassins commencent!*".[28]

A parcela de realidade por trás disso tudo, que se prefere recusar, consiste no fato de que o ser humano não é uma criatura afável e carente de amor que, no máximo, é capaz de se defender quando atacada, mas que ele pode contar com uma cota considerável de tendência agressiva no seu dote de impulsos. Por esse motivo, o próximo não é apenas um possível ajudante e um possível objeto sexual, mas também uma tentação para se

28. "Que os senhores assassinos deem o primeiro passo!" (N.T.)

satisfazer nele a agressão, explorar sua força de trabalho sem recompensá-lo, usá-lo sexualmente sem o seu consentimento, apropriar-se de seus bens, humilhá-lo, causar-lhe dor, torturá-lo e matá-lo. *Homo homini lupus*[29]; quem, a partir de todas as experiências da vida e da história, terá coragem de contestar essa máxima? Em regra, essa agressão cruel espera por uma provocação ou se coloca a serviço de outro propósito cuja meta também poderia ser alcançada por meios mais brandos. Em circunstâncias favoráveis, quando foram suprimidas as forças psíquicas contrárias que usualmente inibem tal agressão, ela também se expressa de modo espontâneo e revela o homem como uma besta selvagem à qual é alheia a consideração pela própria espécie. Quem evocar a lembrança do horror das invasões dos bárbaros e dos hunos, dos chamados mongóis sob Gêngis Khan e sob Tamerlão, a conquista de Jerusalém pelos piedosos cruzados, ou mesmo os pavores da última Guerra Mundial, terá de se curvar humildemente diante da realidade dessa concepção.

A existência dessa inclinação agressiva, que podemos perceber em nós mesmos e com

29. "O homem é o lobo do homem", segundo Hobbes em *Do cidadão*, citando Plauto com ligeiras alterações (*Asinaria*, II, 4, 88). (N.T.)

razão pressupor nos outros, é o fator que perturba nosso relacionamento com o próximo e força a cultura a dispêndios. Em consequência dessa hostilidade primária dos homens entre si, a sociedade aculturada está constantemente ameaçada pela ruína. O interesse da comunidade de trabalho não a manteria unida; as paixões determinadas por impulsos são mais fortes que os interesses racionais. A cultura precisa fazer de tudo para impor limites aos impulsos agressivos do homem, para deter suas manifestações através de formações psíquicas reativas. Daí, portanto, o emprego de métodos que têm o propósito de estimular os homens a identificações e relacionamentos amorosos de meta inibida, daí as limitações da vida sexual e daí também o mandamento ideal que ordena amar o próximo como a si mesmo, e que realmente se justifica pelo fato de nenhuma outra coisa se opor tanto à natureza humana original. Apesar de todos os seus esforços, esse empenho da cultura não obteve muitos resultados até agora. Ela espera impedir os excessos mais grosseiros da força bruta ao conferir a si mesma o direito de praticar a violência contra os criminosos, mas a lei não alcança as expressões mais cautelosas e sutis da agressão humana. Cada um de nós termina por desistir das expectativas que tinha na juventude em relação ao seu próximo, abandonando-as como ilusões, e pode fazer a experiência do quanto a vida lhe foi tornada difícil e dolorosa devido à malevolência dele. Ao mesmo tempo, seria uma injustiça censurar a cultura por querer excluir a luta e a competição das atividades humanas. Elas certamente são imprescindíveis, mas antagonismo não é necessariamente hostilidade, só que se abusa daquele como ocasião para esta.

Os comunistas acreditam ter encontrado o caminho para a redenção do mal. O homem é inequivocamente bom, bem-intencionado em relação ao próximo, mas a instituição da propriedade privada corrompeu a sua natureza. A posse de bens privados dá poder ao indivíduo e, assim, a tentação de maltratar o próximo; àquele que é excluído da posse não resta senão rebelar-se hostilmente contra o opressor. Caso a propriedade privada fosse abolida, todos os bens fossem tornados comuns e permitido a todos o seu usufruto, a malevolência e a hostilidade entre os homens desapareceriam. Visto que todas as necessidades estariam satisfeitas, ninguém teria motivo para ver no outro o seu inimigo; todos se submeteriam de boa vontade ao trabalho necessário. Nada tenho a ver com a crítica econômica ao sistema comunista, não posso averiguar se a abolição da propriedade privada é oportuna e vantajosa.[30] Mas posso reconhecer seu pressuposto psicológico como uma ilusão inconsistente. Com a supressão da propriedade privada, a agressividade humana é despojada de um de seus instrumentos, certamente poderoso, mas certamente não o mais poderoso. Quanto às diferenças de poder e de influência, das quais a agressão abusa para seus propósitos, nada se modifica, tampouco na essência desta. A agressão não foi criada pela propriedade, reinou quase irrestrita nas épocas pré-históricas, quando a propriedade ainda era muito escassa, já se apresenta no quarto das crianças, quando a propriedade ainda não abandonou sua forma anal primitiva, e constitui o substrato de todas as relações ternas e amorosas entre os seres humanos, com a única exceção, talvez, daquela de uma

30. Quem em sua própria juventude provou a desgraça da pobreza, experimentou a indiferença e a altivez dos proprietários, deveria estar a salvo da suspeita de não compreender e não demonstrar boa vontade com os esforços que combatem a desigualdade de posses entre os homens e o que dela se deriva. Todavia, quando essa luta quer invocar uma exigência abstrata de justiça como a da igualdade entre todos os homens, é muito natural objetar que a natureza, ao dotar os indivíduos de constituições físicas e dons intelectuais extremamente desiguais, estabeleceu injustiças contra as quais não há remédio.

mãe com o seu filho homem. Eliminando-se o direito pessoal aos bens materiais, resta ainda o privilégio oriundo dos relacionamentos sexuais, que se tornará a fonte da mais intensa inveja e da mais violenta hostilidade entre os homens tornados iguais em todos os demais aspectos. Caso também se suprima esse privilégio por meio da completa liberação da vida sexual, eliminando assim a família, o embrião da cultura, é impossível prever quais os novos caminhos que o desenvolvimento cultural poderá trilhar; uma coisa, porém, pode-se esperar: que esse traço indestrutível da natureza humana também o acompanhará para onde for.

Evidentemente, não é fácil para os seres humanos renunciar à satisfação dessa sua tendência agressiva; eles não se sentem bem ao fazê-lo. Não é de se menosprezar a vantagem de um círculo cultural mais restrito, que oferece ao impulso um escape na hostilização daqueles que se encontram fora dele. É sempre possível ligar uma quantidade maior de seres humanos no amor entre si quando restam outros para as manifestações da agressão. Certa vez, ocupei-me do fenômeno de que justamente comunidades vizinhas, e sob outros aspectos também muito próximas, atacam-se e zombam uma da outra:

espanhóis e portugueses, alemães do norte e do sul, ingleses e escoceses etc. Dei-lhe o nome de "narcisismo das pequenas diferenças", que não contribui muito para sua explicação. Nele se reconhece uma satisfação cômoda e relativamente inofensiva da tendência à agressão por meio da qual a união dos membros da comunidade é facilitada. Foi desse modo que o povo judeu, disperso por toda parte, prestou os mais louváveis serviços à cultura dos povos que o acolheram; infelizmente, todas as carnificinas de judeus da Idade Média não bastaram para tornar essa época mais pacífica e mais segura para seus companheiros cristãos. Depois que o apóstolo Paulo fez do amor universal pela humanidade o fundamento de sua comunidade cristã, a extrema intolerância do cristianismo contra aqueles que permaneceram fora dessa comunidade foi uma consequência inevitável; os romanos, que não tinham fundado sua comunidade nacional sobre o amor, desconheciam a intolerância religiosa, embora para eles a religião fosse um assunto de Estado e este estivesse impregnado de religião. Também não foi nenhum acaso incompreensível que o sonho de um domínio germânico mundial invocasse o complemento do antissemitismo, e se reconhece como compreensível que a tentativa de erigir na Rússia uma nova cultura comunista encontre seu apoio psicológico na perseguição aos burgueses. É apenas com preocupação que se pode perguntar o que os sovietes farão depois que tiverem exterminado seus burgueses.

Se a cultura impõe sacrifícios tão grandes não apenas à sexualidade, mas também à tendência agressiva do homem, entendemos melhor que se torna difícil para ele ser feliz nela. As coisas eram de fato melhores para o homem primitivo, visto que ele não conhecia qualquer restrição a seus impulsos. Em compensação, a segurança de gozar essa felicidade por longo tempo era muito pequena. O homem aculturado trocou uma parcela de possibilidades de felicidade por uma parcela de segurança. Não esqueçamos, porém, que na família primeva apenas o chefe gozava dessa liberdade de impulsos; os demais viviam em opressão escrava. O contraste entre uma minoria que gozava das vantagens da cultura e uma maioria despojada dessas vantagens era, portanto, levado ao extremo nessa época primeva da cultura. Acerca dos primitivos que vivem hoje, sabemos, graças às mais cuidadosas observações, que de modo algum devemos invejar a liberdade de sua vida impulsional; esta se encontra submetida a limitações de outro tipo, mas talvez de um rigor maior do que aquelas impostas à do homem aculturado moderno.

Quando, com razão, objetamos ao nosso estado cultural atual o quão insatisfatoriamente ele preenche nossas demandas por uma organização da vida capaz de proporcionar felicidade; o quanto de sofrimento, que possivelmente poderia ser evitado, ele consente; quando, com uma crítica implacável, procuramos descobrir as raízes de sua imperfeição, fazemos uso, certamente, de nosso legítimo direito, e não nos mostramos inimigos da cultura. É lícito esperar que gradativamente venhamos a impor essas mudanças à nossa cultura, mudanças que satisfaçam melhor as nossas necessidades e escapem a essa crítica. Mas talvez também venhamos a nos familiarizar com a ideia de que há dificuldades ligadas à essência da cultura e que elas não cederão a qualquer tentativa de reforma. Além das tarefas de restrição dos impulsos, para as quais estamos preparados, impõe-se a nós o perigo de um estado que se pode chamar de "miséria psicológica da massa". Esse perigo ameaça sobretudo ali onde o laço social é produzido principalmente por meio da identificação dos membros entre si, enquanto as individualidades dotadas de espírito de liderança não alcançam aquela significação que lhes deveria caber na formação da massa.[31] O atual estado cultural dos Estados Unidos ofereceria uma boa oportunidade para estudar esses temidos danos à cultura. Mas resisto à tentação de me aprofundar na crítica da cultura desse país; não quero dar a impressão de que eu mesmo queira me servir de métodos norte-americanos.

31. Cf. *Psicologia das massas e análise do eu* (1921).

VI

Em nenhum de meus trabalhos anteriores tive a sensação tão forte de apresentar fatos de conhecimento geral, de gastar papel e tinta, posteriormente o trabalho de composição tipográfica e a tinta de impressão, para, no fundo, relatar coisas óbvias. Por esse motivo, me agrada aproveitar a impressão resultante de que o reconhecimento de um impulso agressivo especial, independente, significa uma modificação na teoria psicanalítica dos impulsos.

Acabaremos por ver que não é bem assim, que se trata apenas de apreender de modo mais preciso uma virada feita há muito tempo e seguir suas consequências. De todas as partes lentamente desenvolvidas da teoria analítica, a teoria dos impulsos foi a que, tateando, avançou com maiores dificuldades. E, no entanto, ela era tão imprescindível ao todo que alguma coisa tinha de ser colocada em seu lugar. Na completa perplexidade dos começos, serviu-me de apoio inicial o dito do filósofo-poeta Schiller de que "a fome e o amor" mantêm coeso o mecanismo do mundo.[32] A fome podia ser considerada a representante daqueles impulsos que querem conservar o indivíduo, enquanto o amor anseia por objetos; sua função principal, favorecida pela natureza de todas as maneiras, é a conservação da espécie. Assim, de início, os impulsos do eu e os impulsos objetais se opuseram uns ao outros. Para designar a energia dos últimos, e exclusivamente ela, introduzi a denominação de libido; portanto, a oposição entre os impulsos do eu e os impulsos "libidinais" do amor, dirigidos ao objeto, ocorria em sentido muito amplo. É verdade que um desses impulsos objetais, o sádico, se destacava pelo fato de sua meta não ser das mais afetuosas, e era evidente que em muitos aspectos ele se associava aos impulsos do eu e que não podia ocultar seu estreito parentesco com os impulsos de dominação sem propósito libidinal, mas essa discrepância foi superada; o sadismo pertencia evidentemente à vida sexual, o jogo cruel podia substituir o jogo terno. A neurose nos apareceu como o resultado de uma luta entre o interesse da autoconservação e as exigências da libido, uma luta que o eu havia vencido, mas ao preço de graves sofrimentos e renúncias.

32. No poema "Os filósofos". (N.T.)

Todo analista admitirá que mesmo hoje isso não soa como um erro há muito superado. Porém, uma modificação foi indispensável quando nossa investigação avançou do recalcado para o recalcador, dos impulsos objetais para o eu. Neste ponto foi decisiva a introdução do conceito de narcisismo, ou seja, a compreensão de que o próprio eu está investido de libido, de que é inclusive o seu domicílio original e, por assim dizer, também continua sendo o seu quartel-general. Essa libido narcísica se dirige aos objetos, transforma-se assim em libido objetal e pode se transformar novamente em libido narcísica. O conceito de narcisismo tornou possível compreender analiticamente a neurose traumática, assim como muitas afecções próximas às psicoses e estas mesmas. A interpretação das neuroses de transferência como tentativas do eu para se defender da sexualidade não precisou ser abandonada, mas o conceito de libido esteve em perigo. Visto que os impulsos do eu também eram libidinais, pareceu inevitável, por um momento, fazer a libido coincidir com a energia dos impulsos em geral, conforme C.G. Jung já quisera fazer anteriormente. Mas restou algo como uma certeza que ainda não podia ser fundamentada, a certeza de que os impulsos não poderiam ser todos da mesma espécie. Dei o passo seguinte em *Além do princípio de prazer* (1920), quando pela primeira vez me dei conta da compulsão à repetição e do caráter conservador da vida impulsional. Partindo de paralelos biológicos e de especulações sobre o começo da vida, extraí a conclusão de que, além do impulso de conservar a substância vivente e aglomerá-la em unidades sempre maiores[33], deveria existir um outro que lhe fosse oposto, que se esforça por dissolver essas unidades e reduzi-las ao estado primordial, inorgânico. Portanto, além de eros, um impulso de morte; a partir da ação conjunta e contraposta de ambos, os fenômenos da vida poderiam ser explicados. Mas não era fácil demonstrar a atividade desse suposto impulso de morte. As expressões de eros eram bastante chamativas e ruidosas; podia-se supor que, calado no íntimo do ser vivo, o impulso de morte trabalhava em sua dissolução, mas isso obviamente não era prova alguma. Mais longe nos levou a ideia de que uma parcela do impulso se volta contra o mundo exterior e então se mostra como impulso de agressão e destruição.

33. A oposição que surge entre a incansável tendência expansiva de eros e a natureza em geral conservadora dos impulsos chama a atenção e pode se tornar o ponto de partida de questionamentos posteriores.

Assim, o impulso seria inclusive forçado ao serviço de eros, na medida em que o ser vivo aniquila outras coisas, animadas ou inanimadas, em vez de a si mesmo. Inversamente, os limites impostos a essa agressão dirigida ao exterior teriam de intensificar a autodestruição, aliás sempre presente. Ao mesmo tempo, foi possível supor a partir desse exemplo que as duas espécies de impulsos raramente – talvez jamais – se apresentavam separadas uma da outra, mas que se ligavam em proporções diferentes, muito variáveis, desta maneira tornando o nosso juízo irreconhecível. No sadismo, conhecido há muito como impulso parcial da sexualidade, estaríamos diante de uma dessas ligas especialmente fortes do anseio amoroso com o impulso destrutivo, e no seu oposto, o masoquismo, diante de uma ligação entre a destruição dirigida para o interior e a sexualidade, ligação que torna notória e palpável essa aspiração habitualmente imperceptível.

A hipótese de um impulso de morte ou de destruição encontrou resistência mesmo nos círculos analíticos; sei que muitas vezes existe a tendência a atribuir tudo o que se encontra de perigoso e de hostil no amor a uma bipolaridade original de sua própria essência. De início, defendi as concepções aqui desenvolvidas apenas experimentalmente, mas com o passar do tempo elas adquiriram tal poder sobre mim que não posso mais pensar de outro modo. Julgo que são muito mais úteis teoricamente do que quaisquer outras possíveis; produzem aquela simplificação, sem negligência ou violação dos fatos, a que aspiramos no trabalho científico. Reconheço que no sadismo e no masoquismo sempre vimos diante de nós, fortemente ligadas ao erotismo, as expressões do impulso de destruição dirigido para fora e para dentro, mas não entendo mais que tenhamos ignorado e descuidado da ubiquidade da agressão e da destruição não eróticas, que não lhe tenhamos concedido o devido lugar na interpretação da vida. (Quando não é tingida eroticamente, a tendência destrutiva voltada para dentro escapa quase sempre à percepção.) Recordo-me de minha própria resistência quando a ideia do impulso destrutivo surgiu pela primeira vez na literatura psicanalítica, e do quanto demorou até que me tornasse receptivo a ela. Que outros mostrassem e ainda mostrem a mesma rejeição me surpreende menos. Pois as criancinhas não gostam de ouvir falar[34] da tendência inata do ser

34. Goethe, "A balada do conde que foi expulso e voltou". (N.T.)

humano para o "mal", para a agressão, para a destruição e, assim, também para a crueldade. Afinal, Deus as criou à imagem e semelhança de sua própria perfeição, e não querem ser lembradas do quanto é difícil conciliar – apesar dos protestos da Ciência Cristã – a inegável existência do mal com a onipotência ou a infinita bondade de Deus. O Diabo seria o melhor expediente para desculpar Deus, ele assumiria o mesmo papel economicamente aliviante que o judeu no mundo do ideal ariano. Mas mesmo então pode-se pedir contas a Deus tanto pela existência do Diabo quanto pela existência do mal que este corporifica. Face a essas dificuldades, é aconselhável que cada um, em lugar apropriado, faça uma profunda reverência diante da natureza profundamente moral do homem; isso ajuda a obter a estima geral e faz com que se seja desculpado por muitas coisas.[35]

---

35. No Mefistófeles de Goethe é especialmente convincente a identificação do princípio mau com o impulso destrutivo: "Pois tudo o que nasce, / É digno de que pereça. (...) / O que chamais de pecado / E destruição, em suma, o mal, / Eis meu elemento ideal." O Diabo não designa o sagrado, o bem, como seu adversário, mas a força da natureza para gerar, para multiplicar a vida, portanto, eros. "Seja na água, na terra ou mesmo nos ares, / Os brotos surgem aos milhares, / No seco, no úmido, no quente ou no frio! / Sem reservar a chama para mim, / Eu não seria quem sou, seria o meu fim." *Fausto*, I, 3.

A denominação de libido pode ser empregada outra vez para as manifestações da força de eros, a fim de distingui-las da energia do impulso de morte.[36] Isso significa admitir que se torna tanto mais difícil para nós compreender o impulso de morte, que o percebemos apenas como resíduo, por assim dizer, atrás de eros, e que nos escapa lá onde não é revelado graças à liga com este. No sadismo, em que o impulso de morte torce a meta erótica a seu favor, ao mesmo tempo em que satisfaz completamente o anseio sexual, obtemos a mais clara visão de sua natureza e de suas relações com eros. Mas mesmo onde ele aparece sem propósitos sexuais, até na mais cega fúria destrutiva, é impossível ignorar que sua satisfação está ligada a um gozo narcísico extraordinariamente alto, na medida em que essa satisfação mostra ao eu o cumprimento de seus antigos desejos de onipotência. Contido e domado, por assim dizer inibido em sua meta, o impulso destrutivo, dirigido aos objetos, é forçado a proporcionar ao eu a satisfação de suas necessidades vitais e o domínio sobre a natureza. Visto que a hipótese desse impulso

36. Nossa concepção atual pode ser expressa aproximadamente assim: a libido participa de todas as manifestações dos impulsos, mas nem tudo nelas é libido.

repousa essencialmente sobre fundamentos teóricos, é preciso admitir que ela também não se encontra inteiramente a salvo de objeções teóricas. É assim, contudo, que nos parecem as coisas no estado atual de nossos conhecimentos; pesquisas e reflexões futuras certamente trarão a clareza decisiva.

Para tudo o que segue, portanto, assumo o ponto de vista de que a inclinação agressiva do ser humano é uma disposição de impulsos original, independente, e volto a afirmar que a cultura encontra nessa inclinação o seu mais poderoso empecilho. Num determinado ponto desta investigação, impôs-se a nós a ideia de que a cultura é um processo peculiar experimentado pela humanidade, e ainda nos encontramos sob o fascínio dessa compreensão. Acrescentamos que a cultura é um processo a serviço de eros, que deseja reunir indivíduos humanos isolados, depois famílias, então tribos, povos e nações em uma grande unidade, a humanidade. Não sabemos por que isso tem de acontecer; essa é precisamente a obra de eros. Essas multidões humanas devem ser ligadas libidinalmente entre si; somente a necessidade e as vantagens da comunidade de trabalho não as manteriam unidas. Mas o natural impulso agressivo do homem, a hostilidade de cada um contra todos e de todos contra cada um, se opõe a esse programa da cultura. Esse impulso agressivo é o derivado e o principal representante do impulso de morte que encontramos ao lado de eros e que divide com este o domínio do mundo. E agora, creio, o sentido do desenvolvimento cultural não nos é mais obscuro. Ele tem de nos mostrar a luta entre eros e a morte, entre o impulso de vida e o impulso destrutivo, tal como ocorre na espécie humana. Essa luta é o conteúdo essencial da vida, e por isso o desenvolvimento cultural pode ser caracterizado sucintamente como a luta da espécie humana pela vida.[37] E nossas babás querem apaziguar essa luta de gigantes com a "cantiga de ninar a respeito do céu"![38]

37. Provavelmente com a seguinte definição adicional: tal como essa luta teve de se configurar a partir de certo acontecimento ainda não descoberto.

38. Heine, *Alemanha, um conto de inverno*, capítulo I. (N.T.)

VII

Por que nossos parentes, os animais, não exibem uma luta cultural semelhante? Oh, nós não sabemos. É muito provável que alguns deles, como as abelhas, as formigas e os cupins, tenham lutado por milhares de anos até encontrar essas instituições estatais, essa divisão de funções e essa limitação dos indivíduos que hoje neles admiramos. É característico de nossa situação atual o fato de nossos sentimentos nos dizerem que não nos julgaríamos felizes em nenhum desses Estados animais e em nenhum dos papéis neles atribuídos ao indivíduo. Em outras espécies, é possível que se tenha chegado a um equilíbrio temporário entre os impulsos que nelas travam combate e as influências do ambiente, e assim, a uma cessação do desenvolvimento. No caso do homem primitivo, uma nova investida da libido pode ter atiçado uma renovada oposição do impulso destrutivo. Há muitas perguntas para as quais ainda não temos resposta.

Há uma outra pergunta mais fácil. De que meios se serve a cultura para refrear a agressão que a ela se opõe, para neutralizá-la, talvez eliminá-la? Já tomamos conhecimento de alguns desses métodos, mas não daquele que é aparentemente o mais importante. Podemos estudá-lo na história do desenvolvimento do indivíduo. O que acontece com ele para neutralizar sua agressividade? Algo muito notável que não teríamos imaginado, mas que é muito fácil de compreender. A agressão é introjetada, interiorizada, na verdade mandada de volta à sua origem, ou seja, dirigida contra o próprio eu. Ali ela é assumida por uma parcela do eu que se opõe ao restante na condição de supereu, e que então, como "consciência moral", exerce sobre o eu a mesma agressão severa que este teria gostado de satisfazer à custa de outros indivíduos. Chamamos de consciência de culpa a tensão entre o supereu severo e o eu submetido a ele; ela se exprime como necessidade de punição. Assim, a cultura domina a perigosa agressividade do indivíduo ao enfraquecê-lo, desarmá-lo e vigiá-lo através de uma instância em seu interior, do mesmo modo que uma tropa de ocupação na cidade conquistada.

O modo de pensar do analista acerca da origem do sentimento de culpa é diferente do habitual entre os psicólogos; também para ele não será fácil prestar contas a respeito. De início, quando se pergunta como alguém chega a ter um sentimento de culpa, recebe-se uma resposta que não se pode refutar: alguém se sente culpado (os devotos dizem: pecador) quando fez algo que reconhece como "mau". Mas logo se percebe o pouco que essa resposta oferece. Talvez, depois de hesitar um pouco, se acrescente que também aquele que não tenha feito mal algum, mas que reconhece em si meramente a intenção de fazê-lo, pode se considerar culpado; e então se perguntará por que o propósito tem aí o mesmo valor que a realização. Ambos os casos, porém, pressupõem que já se tenha reconhecido o mal como reprovável, como algo que não deve ser feito. Como se chega a essa decisão? A existência de um discernimento original, natural, por assim dizer, entre o bem e o mal, deve ser recusada. Com frequência, o mal não é de modo algum aquilo que é prejudicial ou perigoso para o eu, mas, ao contrário, também algo que ele deseja e lhe dá prazer. Mostra-se aí, portanto, uma influência desconhecida; ela determina o que deve ser chamado de bom e de mau. Visto que sua própria sensibilidade não teria levado o homem por esse caminho, ele deve ter um motivo para se submeter a essa influência desconhecida. É fácil descobri-lo no seu desamparo e na sua dependência em relação aos outros, e a sua melhor designação é a de medo da perda do amor. Se o indivíduo perde o amor do outro, do qual depende, também perde a proteção contra muitos perigos, e se expõe, sobretudo, ao risco de que esse outro prepotente lhe mostre sua superioridade em forma de punição. Inicialmente, portanto, o mal é aquilo pelo que se é ameaçado com a perda do amor; por medo dessa perda é preciso evitá-lo. Por essa razão, também pouco importa que já se tenha feito o mal ou que apenas se queira fazê-lo; em ambos os casos, o perigo somente surge quando a autoridade o descobre, e em ambos ela se comportaria do mesmo modo.

Esse estado é chamado de "má consciência", ainda que na verdade não mereça tal nome, pois é evidente que nesse estágio a consciência de culpa é apenas medo da perda do amor, medo "social". No caso da criança, jamais pode ser alguma outra coisa, mas também no caso de muitos adultos nada se modifica senão o fato de que o pai, ou ambos os pais, são substituídos pela comunidade humana maior. Por isso, os adultos normalmente apenas se permitem fazer o mal que lhes promete vantagens quando estão seguros de que a autoridade nada saiba a respeito ou que nada lhes poderá fazer, e o seu único medo é o de serem descobertos.[39] A sociedade de nossos dias precisa contar, de um modo geral, com esse estado.

Uma grande modificação só acontece quando a autoridade é interiorizada por meio da instauração de um supereu. Os fenômenos da consciência moral são com isso elevados a um novo patamar; no fundo, só então se deveria falar de consciência moral e de sentimento de culpa.[40] Agora também deixam de existir o medo de ser descoberto e, inteiramente, a distinção entre fazer o mal e desejá-lo, pois nada pode ser

---

39. Pense-se no famoso mandarim de Rousseau! [O motivo também foi aproveitado por Eça de Queiroz: "No fundo da China existe um mandarim mais rico que todos os reis de que a fábula ou a história contam. Dele nada conheces, nem o nome, nem o semblante, nem a seda de que se veste. Para que tu herdes os seus cabedais infindáveis, basta que toques essa campainha, posta a teu lado, sobre um livro. Ele soltará apenas um suspiro, nesses confins da Mongólia. Será então um cadáver: e tu verás a teus pés mais ouro do que pode sonhar a ambição de um avaro. Tu, que me lês e és um homem mortal, tocarás tu a campainha?". *O mandarim*, L&PM POCKET nº 169. N.T.]

40. Todo leitor perspicaz compreenderá e levará em conta que nesta exposição resumida distinguimos nitidamente aquilo que na realidade ocorre em transições fluidas, que não se trata apenas da existência de um supereu, mas de sua força e esfera de influência relativas. Tudo o que até aqui referimos sobre a consciência moral e a culpa é, na verdade, de conhecimento geral e quase incontestável.

escondido do supereu, nem sequer os pensamentos. A seriedade real da situação sem dúvida passou, pois a nova autoridade, o supereu, não tem, segundo acreditamos, nenhum motivo para maltratar o eu, ao qual está estreitamente ligado. Mas a influência da gênese, que mantém vivo o que passou e foi superado, se manifesta no fato de que, no fundo, as coisas permanecem tais como eram de início. O supereu atormenta o eu pecador com os mesmos sentimentos de medo, e fica à espreita de ocasiões para fazer com que seja punido pelo mundo exterior.

Neste segundo nível de desenvolvimento, a consciência moral apresenta uma peculiaridade que era estranha ao primeiro e que não é fácil de explicar. Ela se comporta com uma severidade e uma desconfiança tanto maiores quanto mais virtuoso for o indivíduo, de modo que, no fim, justamente aqueles que foram mais longe na santidade se acusam da pior pecaminosidade. Assim, a virtude perde uma parcela da recompensa que lhe foi prometida, o eu submisso e abstinente não goza da confiança de seu mentor e se esforça em vão, segundo parece, para obtê-la. Neste ponto se estará disposto a objetar que essas são dificuldades produzidas artificialmente. A consciência moral mais severa e mais vigilante seria precisamente o traço característico do homem moral, e se os santos se fazem passar por pecadores, isso não ocorre sem razão caso se considerem as tentações de satisfazer os impulsos às quais estão expostos num grau especialmente elevado, visto que as tentações, como se sabe, só fazem aumentar por meio da frustração constante, enquanto a satisfação ocasional as enfraquece, pelo menos temporariamente. Um outro fato do âmbito da ética, tão rico em problemas, é o do infortúnio, ou seja, uma frustração exterior, estimular com tamanha intensidade o poder da consciência moral no supereu. Enquanto as coisas vão bem para o indivíduo, sua consciência moral é branda e permite ao eu fazer de tudo; quando uma desgraça o atinge, ele faz um exame de sua conduta, reconhece sua pecaminosidade, eleva as exigências de sua consciência moral, impõe-se abstinências e se pune com penitências.[41] Povos inteiros se comportaram e ainda se comportam

41. Esse fomento da moral por meio do infortúnio é abordado por Mark Twain numa deliciosa historieta, "A primeira melancia que roubei". Por acaso, essa primeira melancia estava verde. Ouvi o próprio Mark Twain contar essa historieta. Depois de anunciar seu título, ele fez uma pausa e se perguntou, como se tivesse dúvidas: *Was it the first?* ("Foi a primeira?"). Mas com isso ele disse tudo. A primeira, portanto, não foi a única.

dessa maneira. Mas isso se explica facilmente pelo estágio infantil original da consciência moral, estágio que, portanto, não é abandonado depois da introjeção no supereu, mas que continua a existir ao lado e atrás dessa introjeção. O destino é visto como substituto da instância parental; quando se é atingido pela desgraça, isso significa que não se é mais amado por esse poder supremo, e, ameaçado por essa perda de amor, o indivíduo se curva novamente diante do representante parental no supereu, representante que se quis negligenciar enquanto se era feliz. Isso se torna especialmente claro quando, num sentido estritamente religioso, se reconhece no destino apenas a expressão da vontade divina. O povo de Israel se considerava o filho predileto de Deus, e quando o grande pai permitiu que uma desgraça após a outra se abatesse sobre seu povo, este não perdeu a confiança nessa relação nem duvidou do poder e da justiça divinos, mas produziu os profetas, que censuraram sua pecaminosidade, e criou, a partir de sua consciência de culpa, os preceitos extremamente rigorosos de sua religião sacerdotal. Como é diferente o comportamento do homem primitivo! Quando é atingido pela desgraça, ele não atribui a culpa a si mesmo, mas ao fetiche, que evidentemente não cumpriu seus deveres, e trata de espancá-lo em vez de punir a si próprio.

Conhecemos, portanto, duas origens do sentimento de culpa: o medo da autoridade e o posterior medo do supereu. O primeiro obriga a renunciar à satisfação de impulsos; o segundo, além disso, compele à punição, visto que não se pode esconder do supereu a persistência dos desejos proibidos. Também ficamos sabendo sobre como pode ser entendida a severidade do supereu, ou seja, a exigência da consciência moral. Ela simplesmente continua o rigor da autoridade externa, cujo lugar ocupa e que substitui parcialmente. Agora vemos a relação que existe entre a renúncia aos impulsos e a consciência de culpa. Originalmente, a renúncia aos impulsos é a consequência do medo da autoridade externa; renuncia-se a satisfações para não perder o amor dessa autoridade. Uma vez efetuada essa renúncia, está-se quite com a autoridade, por assim dizer, e não deveria restar nenhum sentimento de culpa. É diferente no caso do medo do supereu. Aí a renúncia aos impulsos não basta, pois o desejo continua existindo e não é possível escondê-lo do supereu. Assim, apesar da renúncia efetuada, surge um sentimento de culpa, e essa é uma grande desvantagem econômica da instauração do supereu, ou, como se pode dizer, da formação da consciência moral. A renúncia aos impulsos não tem mais qualquer efeito totalmente libertador, a abstenção virtuosa não é mais recompensada com a garantia do amor, e a infelicidade que ameaça de fora – a perda do amor e a punição por parte da autoridade externa – foi trocada por uma infelicidade interior permanente, a tensão da consciência de culpa.

Essa situação é tão emaranhada e ao mesmo tempo tão importante que, apesar do risco de repetições, ainda gostaria de abordá-la a partir de outro ângulo. A sequência temporal seria, portanto, a seguinte: em primeiro lugar, renúncia aos impulsos em consequência do medo da agressão da autoridade *externa* – é esse o resultado do medo de perder o amor; o amor protege dessa agressão punitiva –, e, em seguida, instauração da autoridade *interna* e renúncia aos impulsos em consequência do medo dela, o medo da consciência moral.[42] No segundo caso, ocorre uma equiparação entre ações más e intenções más, o que resulta em consciência de culpa e necessidade de punição. A agressão da consciência moral conserva a

42. "Medo da consciência moral": tradução literal de *Gewissensangst*, "escrúpulos", "remorsos". (N.T.)

agressão da autoridade. Até aqui as coisas devem ter ficado claras; mas onde há lugar para a influência do infortúnio (da renúncia imposta de fora) no reforço da consciência moral, para a sua extraordinária severidade nos melhores e mais obedientes indivíduos? Já explicamos essas duas particularidades da consciência moral, mas possivelmente restou a impressão de que essas explicações não chegam ao fundo da questão, de que deixam um resto sem explicar. E aqui entra finalmente uma ideia que é exclusiva da psicanálise e estranha ao modo usual de pensar das pessoas. Essa ideia é de tal natureza que nos permite compreender por que nosso assunto teve de parecer tão enredado e impenetrável. De acordo com ela, inicialmente a consciência moral (dito com mais exatidão: o medo que mais tarde se transforma em consciência moral) é sem dúvida a causa da renúncia aos impulsos, mas depois a relação se inverte. Cada renúncia a um impulso se transforma então numa fonte dinâmica da consciência moral, cada nova renúncia aumenta sua severidade e sua intolerância, e, se pudéssemos harmonizar isso melhor com a história que conhecemos da origem da consciência moral, estaríamos tentados a nos declarar partidários da seguinte tese paradoxal:

a consciência moral é o resultado da renúncia aos impulsos; ou: a renúncia aos impulsos (que nos é imposta de fora) cria a consciência moral, que então exige mais e mais renúncias.

Na verdade, não há uma contradição tão grande entre essa tese e a referida gênese da consciência moral, e vemos uma forma de torná-la ainda menor. A fim de facilitar a exposição, tomemos o exemplo do impulso agressivo e suponhamos que se trata, nesse quadro, sempre da renúncia à agressão. Essa deve ser, obviamente, apenas uma suposição provisória. Assim, o efeito da renúncia aos impulsos sobre a consciência moral ocorre de tal maneira que cada parcela de agressão que nos recusamos a satisfazer é assumida pelo supereu e aumenta a sua agressão (contra o eu). Não se harmoniza muito bem com isso o fato de a agressão original da consciência moral ser a continuação da severidade da autoridade externa, ou seja, de nada ter a ver com renúncia. Essa desarmonia é eliminada, porém, se supusermos uma outra derivação para esse primeiro provimento de agressão do supereu. Contra a autoridade que impede à criança as primeiras satisfações, que são também as mais significativas, deve ter se desenvolvido nesta um grau considerável de inclinação agressiva, pouco importando de que tipo foram as renúncias exigidas. Forçosamente, a criança teve de renunciar à satisfação dessa agressão vingativa. Ela sai dessa difícil situação econômica por meio de mecanismos conhecidos, incorporando mediante identificação essa autoridade inatacável, que então se transforma no supereu e toma posse de toda a agressão que a criança teria gostado de exercer contra ela. O eu da criança tem de se contentar com o triste papel da autoridade – do pai – assim rebaixada. É uma inversão da situação, como ocorre com tanta frequência. "Se eu fosse o pai e você a criança, eu te trataria mal." A relação entre o supereu e o eu constitui o retorno, deformado pelo desejo, das relações reais entre o eu ainda não dividido e um objeto externo. Isso também é típico. A diferença essencial, porém, é que a severidade original do supereu não é – ou não é tanto – aquela que se experimentou da parte desse objeto externo ou que a ele se atribui, mas que ela representa a própria agressão do eu contra o objeto externo. Se isso for correto, pode-se realmente afirmar que a consciência moral surgiu em consequência da repressão de uma agressão e se reforça posteriormente por meio de novas repressões desse tipo.

Qual dessas duas concepções é a correta? A primeira, que nos parecia tão inatacável geneticamente, ou a última, que arredonda a teoria de uma maneira tão bem-vinda? Evidentemente ambas estão justificadas, o que também é confirmado pela observação direta; elas não entram em conflito e inclusive coincidem num ponto, pois a agressão vingativa da criança também será determinada pela medida de agressão punitiva que espera do pai. A experiência, porém, mostra que a severidade do supereu que uma criança desenvolve não reproduz de forma alguma a severidade do tratamento que ela própria experimentou.[43] Ela surge independentemente dele; com uma educação bastante branda, uma criança pode adquirir uma consciência moral muito severa. Mas também seria incorreto exagerar essa independência; não é difícil se convencer de que a severidade da educação também exerce uma forte influência sobre a formação do supereu infantil. O resultado é que fatores constitucionais herdados e influências do meio atuam em conjunto na formação do supereu e na origem da consciência moral, o que não é de modo algum surpreendente, antes

43. Segundo foi acentuado corretamente por Melanie Klein e outros autores.

a condição etiológica geral de todos os processos desse tipo.[44]

Também é possível afirmar que quando a criança reage às primeiras grandes frustrações dos impulsos com uma agressão excessiva e uma correspondente severidade do supereu, ela segue aí um modelo filogenético e vai além da reação atualmente justificada, pois o pai da pré-história certamente era terrível, e a ele se devia atribuir a medida mais extrema de agressão. Assim, as diferenças entre as duas concepções da gênese da consciência moral diminuem ainda mais quando se passa da história do desenvolvimento individual para a do filogenético. Em compensação, mostra-se uma nova e significativa diferença nesses dois processos. Não podemos prescindir

---

44. A propósito do estudo de Aichhorn sobre o abandono, Franz Alexander apreciou com exatidão em *Psicanálise da personalidade integral* (1927) os dois principais tipos de métodos patogênicos de educação: o rigor excessivo e a complacência. O pai "excessivamente brando e indulgente" dará ocasião para a formação de um supereu demasiado rigoroso na criança, pois, sob a influência do amor que recebe, ela não encontrará outra saída para sua agressão senão voltá-la para dentro. No caso da criança desamparada, que é criada sem amor, inexiste a tensão entre o eu e o supereu; toda a sua agressão pode se voltar para fora. Assim, se não considerarmos um fator constitucional que cabe admitir, pode-se dizer que a consciência moral severa surge da ação conjunta de duas influências da vida: a frustração dos impulsos, que desencadeia a agressão, e a experiência do amor, que volta essa agressão para dentro e a transfere ao supereu.

da hipótese de que o sentimento de culpa da humanidade provém do complexo de Édipo e que foi adquirido por ocasião do assassinato do pai pela associação dos irmãos.[45] Naquele tempo, uma agressão não foi reprimida, mas executada, a mesma agressão cuja repressão supomos que seja a fonte do sentimento de culpa na criança. Neste ponto, eu não me espantaria se um leitor exclamasse irritado: "Então é completamente indiferente se matamos o pai ou não, de qualquer modo arranjamos um sentimento de culpa! Devemos nos permitir algumas dúvidas quanto a isso. Ou é falso que o sentimento de culpa provém de agressões reprimidas, ou toda a história do parricídio é uma ficção, e os filhos dos homens primitivos não mataram seus pais com mais frequência do que os filhos de hoje em dia costumam fazê-lo. Aliás, se não for uma ficção, mas um fato histórico plausível, estaríamos diante de um caso em que acontece o que todo mundo espera, ou seja, que a pessoa se sinta culpada por ter realmente feito algo injustificável. E para esse caso, que, de qualquer modo, acontece todos os dias, a psicanálise ficou nos devendo uma explicação."

Isso é verdade e precisa ser reparado. Além disso, não se trata de nenhum grande segredo.

45. Cf. *Totem e tabu*, capítulo IV. (N.R.)

Quando se fica com um sentimento de culpa após e em razão de um ato cometido, esse sentimento deveria antes se chamar *arrependimento*. Ele se refere apenas a um ato, e pressupõe, obviamente, que já existia uma *consciência moral*, a disposição para se sentir culpado, antes desse ato. Um arrependimento desses, portanto, em nada nos poderia ajudar a encontrar a origem da consciência moral e do sentimento de culpa em geral. O desenrolar desses casos cotidianos é habitualmente o seguinte: uma necessidade dos impulsos adquiriu a força para impor sua satisfação à consciência moral, cuja força tampouco é ilimitada, e com o natural enfraquecimento da necessidade devido à sua satisfação, a antiga relação de forças é restabelecida. A psicanálise faz bem, portanto, ao excluir dessas discussões o caso do sentimento de culpa que provém do arrependimento, por maiores que sejam a sua frequência e a sua significação prática.

Mas se o sentimento de culpa do ser humano remonta ao assassinato do pai primevo, então se trata de um caso de "arrependimento", e não deveriam ter existido naquele tempo, antes do ato, os pressupostos da consciência moral e do sentimento de culpa? De onde veio o arrependimento nesse caso? Sem dúvida esse caso precisa nos esclarecer o segredo do sentimento de culpa, dar fim aos nossos constrangimentos. E acredito que consegue fazê-lo. Esse arrependimento foi o resultado da primitiva ambivalência de sentimentos em relação ao pai, pois os filhos o odiavam, mas também o amavam; depois que o ódio foi satisfeito por meio da agressão, o amor se manifestou no arrependimento pelo ato, instituiu o supereu por meio da identificação com o pai, conferiu-lhe o poder do pai, como que numa punição pelo ato agressivo cometido contra ele, e criou as restrições que deveriam impedir uma repetição do ato. E visto que a tendência agressiva em relação ao pai se repetiu nas gerações seguintes, o sentimento de culpa continuou existindo e se reforçou de novo por meio de cada agressão reprimida e transferida ao supereu. Agora, acredito, finalmente compreendemos duas coisas com inteira clareza: a participação do amor na origem da consciência moral e a fatídica inevitabilidade do sentimento de culpa. Não é realmente decisivo se alguém matou o pai ou se abriu mão do ato; deve-se sentir culpa em ambos os casos, pois o sentimento de culpa é a expressão do conflito de ambivalência, da luta eterna entre eros e o impulso de destruição ou de morte. Esse conflito é atiçado tão logo seja colocada ao homem a tarefa da convivência; enquanto essa comunidade apenas conhece a forma da família, tal conflito tem de se expressar no complexo de Édipo, instituir a consciência moral e produzir o primeiro sentimento de culpa. Quando se tenta uma ampliação dessa comunidade, o mesmo conflito prossegue em formas que são dependentes do passado, se intensifica e tem como consequência mais um aumento do sentimento de culpa. Visto que a cultura obedece a um ímpeto erótico interno que lhe ordena reunir os seres humanos numa massa intimamente coesa, essa meta só pode ser alcançada por meio de um reforço sempre crescente do sentimento de culpa. O que começou em relação ao pai se consuma em relação à massa. Se a cultura for o desenvolvimento necessário da família até a humanidade, então a escalada do sentimento de culpa, talvez até alturas que o indivíduo acha dificilmente suportáveis, está ligada à cultura de maneira indissolúvel, como consequência do conflito inato de ambivalência, como consequência da eterna disputa entre o amor e o anseio de morte. Isso faz lembrar da comovente acusação do grande poeta aos "poderes celestes":

Vós nos conduzis vida adentro,
Deixais a pobre criatura tornar-se culpada,
Então a abandonais ao tormento,
Pois nesta Terra toda culpa é vingada.[46]

E bem podemos suspirar por saber que é dado a alguns homens extrair do torvelinho de seus próprios sentimentos, sem muito esforço, as mais profundas compreensões, até as quais temos de abrir caminho em meio à incerteza torturante e mediante um tatear infatigável.

46. Goethe, numa das canções do harpista em *Os anos de aprendizado de Wilhelm Meister* (livro II, cap. 13).

VIII

Ao chegar ao fim deste caminho, o autor precisa pedir desculpas a seus leitores por não ter sido um guia mais competente, por não lhes ter poupado a experiência de trechos desolados e desvios cansativos. Não resta dúvida de que isso pode ser feito melhor. Quero tentar, agora, remediar um pouco essa situação.

Em primeiro lugar, suponho nos leitores a impressão de que as discussões acerca do sentimento de culpa extrapolam os limites deste ensaio ao ocupar muito espaço e empurrar para as margens o restante de seu conteúdo, com o qual nem sempre mantêm uma ligação estreita. Isso pode ter prejudicado a construção do ensaio, mas corresponde plenamente ao propósito de apresentar o sentimento de culpa como o problema mais importante no desenvolvimento da cultura e de demonstrar que o preço do progresso cultural é pago com a perda de felicidade devida à intensificação do sentimento de culpa.[47] O que ainda soa estranho nesse enunciado, que é o resultado final de nossa investigação, provavelmente pode ser atribuído à relação bastante singular, ainda de todo incompreendida, do sentimento de culpa com a nossa consciência.[48] Nos casos ordinários de arrependimento, por nós considerados normais, o sentimento de culpa se torna perceptível à consciência com bastante clareza; estamos acostumados, aliás, a dizer "consciência de culpa" em vez de "sentimento de culpa". Do estudo das neuroses, ao qual devemos as mais valiosas

---

47. "E assim a consciência faz covardes a todos nós..." (*Hamlet*, III, 1). O fato de a educação atual ocultar ao jovem o papel que a sexualidade representará em sua vida não é a única censura que se lhe deve fazer. Ela também peca ao não prepará-lo para a agressão de que ele está destinado a ser objeto. Ao lançar os jovens na vida com uma orientação psicológica tão incorreta, a educação procede como se munisse com roupas de verão e mapas dos lagos do norte da Itália pessoas que farão uma expedição polar. Torna-se claro, aí, um certo abuso das exigências éticas. O rigor dessas exigências não causaria grandes danos se a educação dissesse: "É assim que as pessoas deveriam ser para se tornarem felizes e fazerem felizes as outras; mas é preciso contar com o fato de que não são assim". Em vez disso, deixa-se o jovem acreditar que todos os outros cumprem os preceitos éticos, ou seja, que são virtuosos. Com isso se fundamenta a exigência de que ele também o seja.

48. Aqui se trata da "consciência psicológica" (*Bewusstsein*) e não da "consciência moral" (*Gewissen*) tantas vezes referida anteriormente. (N.T.)

indicações para a compreensão da normalidade, resulta um quadro contraditório. Numa dessas afecções, a neurose obsessiva, o sentimento de culpa se impõe ruidosamente à consciência, domina tanto o quadro clínico quanto a vida do doente e quase não permite que surjam outros elementos a seu lado. Mas, na maioria dos outros casos e formas de neurose, o sentimento de culpa permanece inteiramente inconsciente, sem que por isso seus efeitos sejam menores. Os doentes não acreditam em nós quando lhes atribuímos um "sentimento inconsciente de culpa"; para que nos entendam pelo menos em parte, lhes falamos de uma necessidade inconsciente de punição em que o sentimento de culpa se expressa. Mas a relação com a forma de neurose não deve ser supervalorizada; mesmo na neurose obsessiva há tipos de doentes que não percebem seu sentimento de culpa ou que apenas o sentem como um mal-estar opressivo, uma espécie de angústia[49], quando são impedidos de realizar determinadas ações. Essas coisas finalmente deverão ser compreendidas um dia;

---

49. Este parágrafo oferece uma das raríssimas ocasiões em que parece justificado verter *Angst* por "angústia". Em quase todas as outras ocorrências do termo, a melhor tradução é, simplesmente, "medo", tal como ocorre na expressão *Angst vor dem Über-Ich* ("medo do supereu"), poucas linhas abaixo. (N.T.)

por enquanto, não podemos fazê-lo. Talvez seja bem-vinda aqui a observação de que o sentimento de culpa não é outra coisa, no fundo, senão uma variedade tópica da angústia; em suas fases posteriores, ele coincide inteiramente com o *medo do supereu.* E, no caso da angústia, mostram-se as mesmas variações extraordinárias na sua relação com a consciência. De algum modo, a angústia está por detrás de todos os sintomas, mas ora monopoliza ruidosamente a consciência, ora se esconde tão completamente que somos forçados a falar de angústia inconsciente ou – caso queiramos ter uma consciência moral mais limpa em relação a essas questões psicológicas, visto que a angústia, antes de tudo, é apenas uma sensação – de possibilidades de angústia. Por isso, é perfeitamente imaginável que a consciência de culpa gerada pela cultura também não seja reconhecida como tal, que permaneça em sua maior parte inconsciente ou apareça como um mal-estar, uma insatisfação, para os quais se busca outras motivações. As religiões, pelo menos, nunca ignoraram o papel do sentimento de culpa na cultura. Elas inclusive têm a pretensão, o que não apreciei em outra parte[50], de redimir a humanidade desse sentimento de

50. Refiro-me a *O futuro de uma ilusão.*

culpa, que chamam de pecado. Do modo como essa redenção é alcançada no cristianismo, por meio da morte sacrificial de um indivíduo, que assim toma sobre si uma culpa comum a todos, extraímos inclusive uma conclusão acerca do que pode ter sido a primeira ocasião em que se adquiriu essa culpa primordial, com a qual também a cultura teve o seu início.[51]

Pode não ser muito importante, mas não será supérfluo que esclareçamos o significado de alguns termos como supereu, consciência moral, sentimento de culpa, necessidade de punição e arrependimento, que talvez tenhamos usado com frequência de modo muito frouxo e intercambiável. Todos dizem respeito ao mesmo quadro, porém designam aspectos diferentes do mesmo. O supereu é uma instância inferida por nós; a consciência moral é uma função que, entre outras, lhe atribuímos, e que tem de vigiar e julgar os atos e as intenções do eu; ela exerce uma atividade censora. O sentimento de culpa, o rigor do supereu, é, portanto, a mesma coisa que a severidade da consciência moral, é a percepção reservada ao eu de ser vigiado dessa maneira, a avaliação da tensão entre suas aspirações e as exigências do supereu; e o medo dessa instância

51. *Totem e tabu* (1912-1913).

crítica, que está na base de toda essa relação, a necessidade de punição, é uma manifestação dos impulsos do eu, que se tornou masoquista sob a influência do supereu sádico, ou seja, que usa uma parcela do impulso existente nele para a destruição interna numa relação erótica com o supereu. Não se deveria falar da consciência moral antes que se pudesse demonstrar um supereu; quanto à consciência de culpa, é preciso admitir que é anterior ao supereu e, portanto, também anterior à consciência moral. A consciência de culpa, então, é a expressão imediata do medo da autoridade externa, o reconhecimento da tensão entre o eu e esta última, o derivado direto do conflito entre a necessidade do amor dessa autoridade externa e o ímpeto que busca a satisfação dos impulsos, cuja inibição gera a tendência à agressão. A sobreposição dessas duas camadas do sentimento de culpa – por medo da autoridade externa e por medo da autoridade interna – dificultou significativamente nossa compreensão das relações da consciência moral. O arrependimento é uma designação geral para a reação do eu num caso de sentimento de culpa; contém o material de sensações, pouco transformado, da angústia ativa em segundo plano, é ele mesmo uma punição e pode incluir a necessidade de punição; também o arrependimento, portanto, pode ser mais antigo que a consciência moral.

Também não fará mal algum apresentarmos outra vez as contradições que por um momento nos confundiram durante nossa investigação. Num momento, o sentimento de culpa seria a consequência de agressões não efetuadas, porém noutro, e justamente em seu começo histórico – o parricídio –, seria a consequência de uma agressão executada. Também para essa dificuldade encontramos a solução. A instauração da autoridade interna, o supereu, mudou o quadro radicalmente. Antes, o sentimento de culpa coincidia com o arrependimento; observamos aí que a denominação de arrependimento deve ser reservada para a reação que sucede a efetiva realização do ato agressivo. Posteriormente, devido à onisciência do supereu, a diferença entre o intento de agredir e a agressão consumada perdeu sua força; agora, tanto um ato de violência realmente efetuado – conforme todo mundo sabe – quanto a mera intenção – conforme a psicanálise descobriu – podem produzir um sentimento de culpa. Apesar da modificação da situação psicológica, o conflito de ambivalência dos dois impulsos primordiais deixa o mesmo efeito. É tentador buscar aí a solução do enigma da relação variável entre o sentimento de culpa e a consciência. O sentimento de culpa motivado pelo arrependimento por uma ação má teria de ser sempre consciente; aquele motivado pela percepção do impulso [*Impuls*] mau poderia permanecer inconsciente. Só que não é tão simples assim; a neurose obsessiva contradiz isso energicamente. A segunda contradição residia no fato de uma concepção defender que a energia agressiva de que imaginamos dotado o supereu apenas prolonga a energia punitiva da autoridade externa e conserva essa energia na vida psíquica, enquanto outra concepção julga que se trata antes da agressão do próprio indivíduo que não chegou a ser utilizada e é dirigida contra essa autoridade inibidora. A primeira concepção parecia se ajustar melhor à história; a segunda, à teoria do sentimento de culpa. Uma reflexão mais minuciosa apagou quase por demais a oposição aparentemente inconciliável; restou como essencial e comum a ambas concepções que se trata de uma agressão voltada para dentro. A observação clínica, por outro lado, permite de fato distinguir duas fontes para a agressão atribuída ao supereu; nos casos particulares, uma ou outra exerce o efeito mais intenso, porém em geral atuam em conjunto.

Creio que este seja o lugar de defender a sério uma concepção que há pouco sugeri como hipótese provisória. Na literatura analítica mais recente, mostra-se uma predileção pela ideia de que toda espécie de frustração, toda satisfação dos impulsos que é bloqueada, tem como consequência, ou poderia ter, uma intensificação do sentimento de culpa.[52] Acredito que se obteria uma grande simplificação teórica caso se admitisse isso apenas para os impulsos *agressivos*, e não se encontrará muito que contradiga essa suposição. Pois como deveríamos explicar dinâmica e economicamente que no lugar de uma exigência *erótica* não cumprida surja uma intensificação do sentimento de culpa? Isso apenas parece possível por meio do seguinte rodeio: que o impedimento da satisfação erótica produza uma cota de tendência agressiva contra a pessoa que impede a satisfação e que essa agressão tenha de ser reprimida. Mas, nesse caso, é apenas a agressão que se transforma em sentimento de culpa ao ser reprimida e passada ao supereu. Estou convencido de que poderemos apresentar muitos processos com mais simplicidade e mais clareza se limitarmos aos impulsos agressivos a

52. Particularmente em Ernest Jones, Susan Isaacs e Melanie Klein; mas, segundo entendo, também em Reik e Alexander.

descoberta da psicanálise sobre a derivação do sentimento de culpa. A averiguação do material clínico não fornece uma resposta inequívoca, pois, de acordo com nosso pressuposto, as duas espécies de impulsos quase nunca se apresentam puras, isoladas uma da outra; a apreciação de casos extremos, porém, provavelmente apontará na direção que espero. Estou tentado a extrair uma primeira vantagem dessa concepção mais rigorosa ao aplicá-la ao processo do recalcamento. Conforme aprendemos, os sintomas das neuroses são essencialmente satisfações substitutivas para desejos sexuais não realizados. No decorrer do trabalho analítico, aprendemos, para nossa surpresa, que talvez toda neurose encubra uma quantia de sentimento inconsciente de culpa que, por sua vez, fortalece os sintomas ao ser empregada na punição. Agora é fácil formular a seguinte tese: quando uma tendência impulsional sucumbe ao recalcamento, seus elementos libidinais se convertem em sintoma, e seus componentes agressivos, em sentimento de culpa. Mesmo que seja correta apenas numa aproximação média, essa tese merece nosso interesse.

Muitos leitores deste ensaio também estarão com a impressão de que ouviram vezes demais a fórmula da luta entre eros e o impulso de morte. Tal fórmula caracterizaria o processo cultural experimentado pela humanidade, mas também foi relacionada com o desenvolvimento do indivíduo, e, além disso, teria revelado o segredo da vida orgânica em geral. Parece imperioso investigar as relações desses três processos entre si. A repetição dessa mesma fórmula é agora justificada pela consideração de que tanto o processo cultural da humanidade quanto o desenvolvimento do indivíduo também são processos vitais, ou seja, de que ambos têm de tomar parte do caráter mais universal da vida. Por outro lado, justamente por isso a comprovação desse traço comum não contribui em nada para a distinção desses processos entre si enquanto tal distinção não for limitada por meio de condições especiais. Assim, apenas podemos nos tranquilizar com a afirmação de que o processo cultural consiste naquela modificação que o processo vital experimenta sob a influência de uma tarefa colocada por eros e estimulada por ananque – a carência real –, e essa tarefa é a união de seres humanos isolados numa comunidade ligada libidinalmente. Porém, se temos em vista a relação entre o processo cultural da humanidade e o processo de desenvolvimento ou de educação do indivíduo, decidiremos sem muita hesitação que os dois são de natureza muito semelhante, se é que não são o mesmo processo agindo sobre objetos diferentes. Obviamente, o processo cultural da espécie humana é uma abstração de nível mais elevado que o desenvolvimento do indivíduo e, por isso, mais difícil de apreender concretamente, e a busca por analogias não deve ser exagerada de modo compulsivo; porém, visto que as metas são idênticas – num caso, a inclusão de um indivíduo numa massa humana, noutro, a produção de uma unidade de massa composta de muitos indivíduos –, a semelhança dos meios empregados e dos fenômenos resultantes não pode surpreender. Devido ao seu significado extraordinário, não deve continuar sem menção um traço distintivo entre os dois processos. No processo de desenvolvimento do indivíduo, a meta principal é o programa do princípio de prazer, que consiste em obter satisfações que proporcionem felicidade; a inclusão ou a adaptação do indivíduo numa comunidade humana parece uma condição dificilmente evitável a ser preenchida no caminho para a obtenção dessa meta de felicidade. Talvez fosse melhor caso se pudesse prescindir dessa condição. Dito de outro modo: o desenvolvimento individual nos parece um produto da interferência de duas aspirações: a aspiração por felicidade, que chamamos habitualmente de "egoísta", e a aspiração pela união com os outros na comunidade, que chamamos de "altruísta". As duas denominações não vão muito além da superfície. No desenvolvimento individual, segundo dissemos, a ênfase principal recai quase sempre na aspiração egoísta ou de felicidade, enquanto a outra, que se pode chamar de "cultural", se contenta, em regra, com o papel de uma restrição. É diferente no caso do processo cultural; nele, a meta da produção de uma unidade composta de indivíduos humanos é, de longe, o principal; a meta de tornar-se feliz certamente ainda continua de pé, mas é empurrada para o segundo plano, e quase se tem a impressão de que a criação de uma grande comunidade humana seria mais bem-sucedida caso não fosse preciso se preocupar com a felicidade do indivíduo. O processo de desenvolvimento do indivíduo pode apresentar, portanto, traços particulares que não são reencontrados no processo cultural da humanidade; apenas na medida em que o primeiro processo tem como meta a ligação com a comunidade é que ele precisa coincidir com o último.

Tal como o planeta que ainda gira em torno de um corpo central além de rodar sobre seu próprio eixo, assim o indivíduo também participa do desenvolvimento da humanidade enquanto segue o seu próprio rumo na vida. Mas, aos nossos olhos míopes, o jogo de forças no céu parece paralisado numa mesma e eterna ordem; já nos processos orgânicos, vemos como as forças lutam entre si e como os resultados do conflito se modificam constantemente. É desse mesmo modo que as duas aspirações, a de felicidade individual e a de integração humana, têm de lutar entre si em cada indivíduo; é assim que os dois processos de desenvolvimento, o individual e o cultural, têm de se hostilizar mutuamente e disputar o terreno um do outro. Mas essa luta entre o indivíduo e a sociedade não é um derivado da oposição provavelmente inconciliável entre os impulsos primordiais, eros e a morte; ela significa uma disputa na economia da libido, comparável ao conflito pela divisão da libido entre o eu e os objetos, e admite um equilíbrio final no indivíduo, tal como esperamos que também ocorra no futuro da cultura, por mais que atualmente essa luta dificulte tanto a vida desse indivíduo.

A analogia entre o processo cultural e o caminho do desenvolvimento do indivíduo ainda pode ser ampliada de modo significativo. Pode-se afirmar que a comunidade também forma um supereu sob cuja influência o desenvolvimento cultural se completa. A investigação detalhada dessa equiparação seria uma tarefa atraente para um conhecedor das culturas humanas. Quero me limitar a salientar alguns pontos que chamam a atenção. O supereu de uma época da cultura tem uma origem semelhante à do supereu do indivíduo; ele repousa sobre a impressão deixada por grandes líderes, homens de avassaladora força de espírito ou nos quais uma das aspirações humanas encontrou o seu desenvolvimento mais forte e mais puro, e por isso, com frequência, também mais unilateral. Em muitos casos, essa analogia vai ainda mais longe na medida em que essas pessoas – muitas vezes, embora não sempre – foram escarnecidas e maltratadas pelas outras enquanto viveram ou mesmo eliminadas de maneira cruel, da mesma forma que o pai primordial só muito tempo depois de sua morte violenta ascendeu à condição de divindade. O exemplo mais comovente dessa conjunção fatídica é justamente a pessoa de Jesus Cristo, se é que ela não pertence ao mito, que a chamou à vida numa obscura recordação daquele acontecimento primordial. Outro ponto de concordância é o fato de o supereu cultural, exatamente do mesmo modo que o supereu do indivíduo, estabelecer rigorosas exigências ideais, cuja inobservância é punida com o "medo da consciência moral".[53] Aí se produz o caso notável de que os processos psíquicos pertinentes neste contexto nos sejam mais familiares, mais acessíveis à consciência, a partir da massa do que podem sê-lo no caso do indivíduo. Neste último, em caso de tensão, apenas as agressões do supereu se tornam perceptíveis de modo ruidoso sob a forma de censuras, enquanto as próprias exigências do supereu frequentemente permanecem inconscientes em segundo plano. Quando trazidas ao conhecimento consciente, mostra-se que elas coincidem com os preceitos do respectivo supereu cultural. Neste ponto, ambos os processos – o de desenvolvimento cultural da multidão e o particular do indivíduo – são normalmente colados um no outro, por assim dizer. Em razão disso, muitas manifestações e características do supereu podem ser mais facilmente reconhecidas por seu comportamento na comunidade cultural do que no indivíduo.

53. Cf. nota 42. (N.T.)

O supereu cultural formou seus ideais e impõe suas exigências. Entre essas exigências, aquelas que dizem respeito às relações dos seres humanos entre si são resumidas sob o nome de ética. Em todas as épocas se atribuiu enorme valor a essa ética, como se justamente dela se esperassem realizações especialmente importantes. E, de fato, a ética se dirige àquele ponto que em cada cultura pode ser facilmente identificado como o mais sensível. A ética, portanto, pode ser compreendida como uma tentativa terapêutica, como um esforço para alcançar, por meio de um mandamento do supereu, aquilo que até então não pôde ser alcançado por meio do trabalho usual da cultura. Já sabemos que a questão aí é a maneira de eliminar o maior obstáculo à cultura – a tendência constitucional dos homens à agressão mútua –, e precisamente por isso adquire interesse especial para nós aquele que talvez seja o mais recente dos mandamentos culturais do supereu: "Amarás o teu próximo como a ti mesmo". Na investigação e na terapia das neuroses chegamos a fazer duas censuras ao supereu do indivíduo: com a severidade de seus mandamentos e proibições, ele se preocupa muito pouco com a felicidade do eu, na medida em que não leva suficientemente em conta as resistências à obediência, a saber, a força dos impulsos do isso e as dificuldades do ambiente real. Por tal motivo, somos obrigados com muita frequência a combater o supereu com intenção terapêutica, e nos esforçamos em reduzir suas exigências. Podemos fazer objeções muito parecidas às exigências éticas do supereu cultural. Ele também não se preocupa o bastante com os fatos da constituição psíquica do homem; ele promulga um mandamento e não pergunta se é possível ao homem obedecê-lo. Pelo contrário, ele supõe que tudo o que se ordena ao eu do homem é psicologicamente possível, que o eu tem o controle irrestrito sobre o seu isso. O que é um erro; mesmo no caso das assim chamadas pessoas normais, não é possível elevar o controle do isso além de certos limites. Caso se exija mais, produz-se rebelião ou neurose no indivíduo, ou se provoca a sua infelicidade. O mandamento "Amarás o teu próximo como a ti mesmo" é a defesa mais forte contra a agressão humana e um exemplo excelente do procedimento nada psicológico do supereu cultural. O mandamento é impossível de ser cumprido; uma inflação tão grandiosa do amor apenas pode diminuir seu valor, sem resolver o problema. A cultura negligencia tudo isso; ela apenas admoesta que quanto mais difícil for obedecer ao preceito, tanto maior o mérito em obedecê-lo. Só que na cultura atual, aquele que observa tal preceito apenas se coloca em desvantagem frente àquele que o transgride. Quão poderoso não deve ser o obstáculo da agressividade à cultura se a defesa contra essa agressividade é capaz de tornar o ser humano tão infeliz quanto a própria agressão! A chamada ética natural nada tem a oferecer aqui exceto a satisfação narcisista de permitir que alguém se julgue melhor que os outros. A ética que se apoia na religião introduz nesse ponto as promessas de um além melhor. Penso que a ética pregará em vão enquanto a virtude não for recompensada já na Terra. Também me parece fora de dúvida que uma mudança real nas relações do homem com a propriedade seria de mais ajuda que qualquer mandamento ético; no entanto, no caso dos socialistas, essa compreensão é turvada e perde seu valor de execução por causa de um novo equívoco idealista acerca da natureza humana.

A abordagem que pretende investigar o papel de um supereu nos fenômenos do desenvolvimento cultural me parece prometer ainda outros esclarecimentos. Eu me apresso a concluir. Há uma questão, contudo, que me é difícil evitar. Se o desenvolvimento cultural apresenta semelhanças tão amplas com o do indivíduo e trabalha com os mesmos meios, não seria justificado diagnosticar que muitas culturas ou épocas da cultura – e possivelmente toda a humanidade – se tornaram "neuróticas" sob a influência das aspirações culturais? A decomposição analítica dessas neuroses poderia ser acompanhada de propostas terapêuticas merecedoras de grande interesse prático. Eu não diria que semelhante tentativa de transferir a psicanálise para o âmbito da comunidade cultural fosse absurda ou condenada à esterilidade. Mas seria preciso muita cautela, sem esquecer de que se tratam, afinal, apenas de analogias, e de que é perigoso, não apenas no caso de seres humanos, mas também no caso de conceitos, arrancá-los da esfera em que nasceram e se desenvolveram. O diagnóstico das neuroses coletivas também tropeça numa dificuldade especial. No caso da neurose individual, nosso primeiro ponto de apoio é o contraste pelo qual o doente se destaca de seu meio considerado "normal". Numa massa afetada homogeneamente, esse pano de fundo deixa de existir e teria de ser buscado em outro lugar. E, no que se refere à aplicação terapêutica dessa ideia, de que adiantaria a mais acertada análise da neurose social se ninguém possui a autoridade para impor a terapia à massa? Apesar de todas essas complicações, temos o direito de esperar que um dia alguém empreenda a façanha de semelhante patologia das comunidades culturais.

Pelos mais variados motivos, não tenho nenhum interesse em apresentar uma valoração da cultura humana. Esforcei-me por manter longe de mim o preconceito entusiasta de que nossa cultura é a coisa mais preciosa que possuímos ou poderíamos adquirir e que seu caminho terá de nos conduzir necessariamente a alturas de perfeição nunca imaginadas. Pelo menos posso ouvir sem me indignar o crítico que opina que, se considerarmos as metas da aspiração cultural e os meios de que se serve, teríamos de chegar à conclusão de que todo o esforço não vale a pena, e que o resultado apenas pode ser um estado que o indivíduo precisa achar insuportável. Minha imparcialidade é facilitada pelo fato de que sei muito pouco acerca de todas essas coisas; apenas sei com certeza que os juízos de valor dos homens se derivam sem exceção de seus desejos de felicidade, e que são, assim, uma tentativa de apoiar suas ilusões com argumentos. Eu compreenderia muito bem se alguém acentuasse o caráter forçoso da cultura humana e dissesse, por exemplo, que a tendência à limitação da vida sexual ou a tendência à imposição do ideal de humanidade à custa da seleção natural são orientações de desenvolvimento inevitáveis e que não admitem desvios, diante das quais é melhor se curvar como se fossem necessidades da natureza. Também conheço a objeção a isso, a de que tais aspirações, que são consideradas inexpugnáveis, frequentemente são descartadas no decorrer da história da humanidade e substituídas por outras. Assim, perco o ânimo de me fazer de profeta entre meus semelhantes, e me curvo à censura que me fazem de que não sei lhes trazer nenhum consolo, pois é isso que todos pedem no fundo, os mais selvagens revolucionários não menos apaixonadamente do que os mais bem-comportados beatos.

Parece-me que a questão decisiva da espécie humana é a de saber se, e em que medida, seu desenvolvimento cultural conseguirá dominar o obstáculo à convivência representado pelos impulsos humanos de agressão e de autoaniquilação. Quanto a isso, talvez precisamente a época atual mereça um interesse especial. Os seres humanos conseguiram levar tão longe a dominação das forças da natureza que seria fácil, com o auxílio delas, exterminarem-se mutuamente até o último homem. Eles sabem disso; daí uma boa parte de sua inquietação atual, de sua infelicidade, de sua disposição angustiada. E agora cabe esperar que o outro dos dois "poderes celestes", o eterno eros, faça um esforço para se impor na luta contra seu adversário igualmente imortal. Mas quem pode prever o sucesso e o desfecho?

Bibliografia[1]

Aichhorn, A. *Verwahrloste Jugend* [*Juventude abandonada*]. Viena, 1925. (158)

Alexander, F. *Die Psychoanalyse der Gesamtpersönlichkeit* [*Psicanálise da personalidade integral*]. Viena, 1927. (158)

Bleuler, E. "Der Sexualwiderstand" ["A resistência sexual"]. *Jb. psychoanalyt. psychopath. Forsch.*, vol. 5, p. 442, 1913. (117)

Daly, C.D. "Hindumythologie und Kastrationskomplex" ["Mitologia hindu e complexo de castração"]. *Imago*, vol. 13, p. 145, 1927. (105)

Federn, P. "Einige Variationen des Ichgefühls" ["Algumas variações do sentimento do eu"]. *Int. Z. Psychoanal.*, vol. 12, p. 263, 1926. (46)

_____. "Narzißmus im Ichgefüge" ["O narcisismo na estrutura do eu"]. *Int. Z. Psychoanal.*, vol. 13, p. 420, 1927. (46)

Ferenczi, S. "Entwicklungsstufen des Wirklichkeitssinnes" ["Estágios de desenvolvimento do senso de realidade"]. *Int. Z. ärztl. Psychoanal.*, vol. 1, p. 124, 1913 *c*. (46)

1. Os números entre parênteses no final de cada entrada indicam a(s) página(s) em que a obra é mencionada na presente edição. (N.T.)

Freud, S. "Charakter und Analerotik" ["Caráter e erotismo anal"]. 1908 *b*. (*Gesammelte Werke*, vol. 7, p. 203; *Studienausgabe*, vol. 7, p. 23) (101)

_____. "Formulierungen über die zwei Prinzipien des psychischen Geschehens" ["Formulações acerca dos dois princípios do processo psíquico"]. 1911 *b*. (*GW*, vol. 8, p. 230; *SA*, vol. 3, p. 13) (72)

_____. *Totem und Tabu* [*Totem e tabu*]. 1912-1913. (*GW*, vol. 9; *SA*, vol. 9, p. 287.) (106, 159, 168)

_____. *Vorlesungen zur Einführung in die Psychoanalyse* [*Conferências de introdução à psicanálise*]. 1916-1917. (*GW*, vol. 11; *SA*, vol. 1, p. 33) (72)

_____. *Jenseits des Lustprinzips* [*Além do princípio de prazer*]. 1920 *g*. (*GW*, vol. 13, p. 3; *SA*, vol. 3, p. 213) (137)

_____. *Massenpsychologie und Ich-Analyse* [*Psicologia das massas e análise do eu*]. 1921 *c*. (*GW*, vol. 13, p. 73; *SA*, vol. 9, p. 61) (133)

_____. *Die Zukunft einer Illusion* [*O futuro de uma ilusão*]. 1927 *c*. (*GW*, vol. 14, p. 325; *SA*, vol. 9, p. 135) (59, 88, 167)

Jones, E. "Anal-Erotic Character Traits" ["Traços de caráter erótico-anais"]. *J. abnorm. Psychol.*, vol. 13, p. 261, 1918. (101)

Last, H. "The Founding of Rome" ["A fundação de Roma"]. In: *The Cambridge Ancient History*, vol. 7. Cambridge, 1928. (51)

Livros de Freud publicados pela **L**&**PM** EDITORES

Além do princípio de prazer
O caso Schreber – Observações psicanalíticas sobre um caso de paranoia descrito autobiograficamente
Compêndio da psicanálise
Da história de uma neurose infantil [O Homem dos Lobos]
Fragmento de uma análise de histeria [O caso Dora]
Inibição, sintoma e medo
A interpretação dos sonhos
O futuro de uma ilusão
O Homem dos Ratos – Observações sobre um caso de neurose obssessiva
O homem Moisés e a religião monoteísta
O mal-estar na cultura
Psicologia das massas e análise do eu
Sobre a psicopatologia da vida cotidiana
Totem e tabu

L&**PM**CLÁSSICOS**MODERNOS**

O futuro de uma ilusão seguido de *O mal-estar na cultura*

Série Ouro:

A interpretação dos sonhos

Livros relacionados

Freud – Chantal Talagrand e René Major (**L**&**PM** POCKET Biografias)

A interpretação dos sonhos (MANGÁ)

Sigmund Freud – Paulo Endo e Edson Sousa (**L**&**PM** POCKET **ENCYCLOPÆDIA**)

1170.**Emma** – Jane Austen
1171.**Que seja em segredo** – Ana Miranda
1172.**Garfield sem apetite** – Jim Davis
1173.**Garfield: Foi mal...** – Jim Davis
1174.**Os irmãos Karamázov (Mangá)** – Dostoiévski
1175.**O Pequeno Príncipe** – Antoine de Saint-Exupéry
1176.**Peanuts: Ninguém mais tem o espírito aventureiro** – Charles M. Schulz
1177.**Assim falou Zaratustra** – Nietzsche
1178.**Morte no Nilo** – Agatha Christie
1179.**Ê, soneca boa** – Mauricio de Sousa
1180.**Garfield a todo o vapor** – Jim Davis
1181.**Em busca do tempo perdido (Mangá)** – Proust
1182.**Cai o pano: o último caso de Poirot** – Agatha Christie
1183.**Livro para colorir e relaxar** – Livro 1
1184.**Para colorir sem parar**
1185.**Os elefantes não esquecem** – Agatha Christie
1186.**Teoria da relatividade** – Albert Einstein
1187.**Compêndio da psicanálise** – Freud
1188.**Visões de Gerard** – Jack Kerouac
1189.**Fim de verão** – Mohiro Kitoh
1190.**Procurando diversão** – Mauricio de Sousa
1191.**E não sobrou nenhum e outras peças** – Agatha Christie
1192.**Ansiedade** – Daniel Freeman & Jason Freeman
1193.**Garfield: pausa para o almoço** – Jim Davis
1194.**Contos do dia e da noite** – Guy de Maupassant
1195.**O melhor de Hagar 7** – Dik Browne
1196(29).**Lou Andreas-Salomé** – Dorian Astor
1197(30).**Pasolini** – René de Ceccatty
1198.**O caso do Hotel Bertram** – Agatha Christie
1199.**Crônicas de motel** – Sam Shepard
1200.**Pequena filosofia da paz interior** – Catherine Rambert
1201.**Os sertões** – Euclides da Cunha
1202.**Treze à mesa** – Agatha Christie
1203.**Bíblia** – John Riches
1204.**Anjos** – David Albert Jones
1205.**As tirinhas do Guri de Uruguaiana 1** – Jair Kobe
1206.**Entre aspas (vol.1)** – Fernando Eichenberg
1207.**Escrita** – Andrew Robinson
1208.**O spleen de Paris: pequenos poemas em prosa** – Charles Baudelaire
1209.**Satíricon** – Petrônio
1210.**O avarento** – Molière
1211.**Queimando na água, afogando-se na chama** – Bukowski
1212.**Miscelânea septuagenária: contos e poemas** – Bukowski
1213.**Que filosofar é aprender a morrer e outros ensaios** – Montaigne
1214.**Da amizade e outros ensaios** – Montaigne
1215.**O medo à espreita e outras histórias** – H.P. Lovecraft
1216.**A obra de arte na era de sua reprodutibilidade técnica** – Walter Benjamin
1217.**Sobre a liberdade** – John Stuart Mill
1218.**O segredo de Chimneys** – Agatha Christie
1219.**Morte na rua Hickory** – Agatha Christie
1220.**Ulisses (Mangá)** – James Joyce
1221.**Ateísmo** – Julian Baggini
1222.**Os melhores contos de Katherine Mansfield** – Katherine Mansfied
1223(31).**Martin Luther King** – Alain Foix
1224.**Millôr Definitivo: uma antologia de *A Bíblia do Caos*** – Millôr Fernandes
1225.**O Clube das Terças-Feiras e outras histórias** – Agatha Christie
1226.**Por que sou tão sábio** – Nietzsche
1227.**Sobre a mentira** – Platão
1228.**Sobre a leitura *seguido do* Depoimento de Céleste Albaret** – Proust
1229.**O homem do terno marrom** – Agatha Christie
1230(32).**Jimi Hendrix** – Franck Médioni
1231.**Amor e amizade e outras histórias** – Jane Austen
1232.**Lady Susan, Os Watson e Sanditon** – Jane Austen
1233.**Uma breve história da ciência** – William Bynum
1234.**Macunaíma: o herói sem nenhum caráter** – Mário de Andrade
1235.**A máquina do tempo** – H.G. Wells
1236.**O homem invisível** – H.G. Wells
1237.**Os 36 estratagemas: manual secreto da arte da guerra** – Anônimo
1238.**A mina de ouro e outras histórias** – Agatha Christie
1239.**Pic** – Jack Kerouac
1240.**O habitante da escuridão e outros contos** – H.P. Lovecraft
1241.**O chamado de Cthulhu e outros contos** – H.P. Lovecraft
1242.**O melhor de Meu reino por um cavalo!** – Edição de Ivan Pinheiro Machado
1243.**A guerra dos mundos** – H.G. Wells
1244.**O caso da criada perfeita e outras histórias** – Agatha Christie
1245.**Morte por afogamento e outras histórias** – Agatha Christie
1246.**Assassinato no Comitê Central** – Manuel Vázquez Montalbán
1247.**O papai é pop** – Marcos Piangers
1248.**O papai é pop 2** – Marcos Piangers
1249.**A mamãe é rock** – Ana Cardoso
1250.**Paris boêmia** – Dan Franck
1251.**Paris libertária** – Dan Franck
1252.**Paris ocupada** – Dan Franck
1253.**Uma anedota infame** – Dostoiévski
1254.**O último dia de um condenado** – Victor Hugo
1255.**Nem só de caviar vive o homem** – J.M. Simmel
1256.**Amanhã é outro dia** – J.M. Simmel

1257.**Mulherzinhas** – Louisa May Alcott
1258.**Reforma Protestante** – Peter Marshall
1259.**História econômica global** – Robert C. Allen
1260(33).**Che Guevara** – Alain Foix
1261.**Câncer** – Nicholas James
1262.**Akhenaton** – Agatha Christie
1263.**Aforismos para a sabedoria de vida** – Arthur Schopenhauer
1264.**Uma história do mundo** – David Coimbra
1265.**Ame e não sofra** – Walter Riso
1266.**Desapegue-se!** – Walter Riso
1267.**Os Sousa: Uma famíla do barulho** – Mauricio de Sousa
1268.**Nico Demo: O rei da travessura** – Mauricio de Sousa
1269.**Testemunha de acusação e outras peças** – Agatha Christie
1270(34).**Dostoiévski** – Virgil Tanase
1271.**O melhor de Hagar 8** – Dik Browne
1272.**O melhor de Hagar 9** – Dik Browne
1273.**O melhor de Hagar 10** – Dik e Chris Browne
1274.**Considerações sobre o governo representativo** – John Stuart Mill
1275.**O homem Moisés e a religião monoteísta** – Freud
1276.**Inibição, sintoma e medo** – Freud
1277.**Além do princípio de prazer** – Freud
1278.**O direito de dizer não!** – Walter Riso
1279.**A arte de ser flexível** – Walter Riso
1280.**Casados e descasados** – August Strindberg
1281.**Da Terra à Lua** – Júlio Verne
1282.**Minhas galerias e meus pintores** – Kahnweiler
1283.**A arte do romance** – Virginia Woolf
1284.**Teatro completo v. 1: As aves da noite *seguido de* O visitante** – Hilda Hilst
1285.**Teatro completo v. 2: O verdugo *seguido de* A morte do patriarca** – Hilda Hilst
1286.**Teatro completo v. 3: O rato no muro *seguido de* Auto da barca de Camiri** – Hilda Hilst
1287.**Teatro completo v. 4: A empresa *seguido de* O novo sistema** – Hilda Hilst
1289.**Fora de mim** – Martha Medeiros
1290.**Divã** – Martha Medeiros
1291.**Sobre a genealogia da moral: um escrito polêmico** – Nietzsche
1292.**A consciência de Zeno** – Italo Svevo
1293.**Células-tronco** – Jonathan Slack
1294.**O fim do ciúme e outros contos** – Proust
1295.**A jangada** – Júlio Verne
1296.**A ilha do dr. Moreau** – H.G. Wells
1297.**Ninho de fidalgos** – Ivan Turguêniev
1298.**Jane Eyre** – Charlotte Brontë
1299.**Sobre gatos** – Bukowski
1300.**Sobre o amor** – Bukowski
1301.**Escrever para não enlouquecer** – Bukowski
1302.**222 receitas** – J. A. Pinheiro Machado
1303.**Reinações de Narizinho** – Monteiro Lobato
1304.**O Saci** – Monteiro Lobato
1305.**Memórias da Emília** – Monteiro Lobato
1306.**O Picapau Amarelo** – Monteiro Lobato
1307.**A reforma da Natureza** – Monteiro Lobato
1308.**Fábulas *seguido de* Histórias diversas** – Monteiro Lobato
1309.**Aventuras de Hans Staden** – Monteiro Lobato
1310.**Peter Pan** – Monteiro Lobato
1311.**Dom Quixote das crianças** – Monteiro Lobato
1312.**O Minotauro** – Monteiro Lobato
1313.**Um quarto só seu** – Virginia Woolf
1314.**Sonetos** – Shakespeare
1315(35).**Thoreau** – Marie Berthoumieu e Laura El Makki
1316.**Teoria da arte** – Cynthia Freeland
1317.**A arte da prudência** – Baltasar Gracián
1318.**O louco *seguido de* Areia e espuma** – Khalil Gibran
1319.**O profeta *seguido de* O jardim do profeta** – Khalil Gibran
1320.**Jesus, o Filho do Homem** – Khalil Gibran
1321.**A luta** – Norman Mailer
1322.**Sobre o sofrimento do mundo e outros ensaios** – Schopenhauer
1323.**Epidemiologia** – Rodolfo Sacacci
1324.**Japão moderno** – Christopher Goto-Jones
1325.**A arte da meditação** – Matthieu Ricard
1326.**O adversário secreto** – Agatha Christie
1327.**Pollyanna** – Eleanor H. Porter
1328.**Espelhos** – Eduardo Galeano
1329.**A Vênus das peles** – Sacher-Masoch
1330.**O 18 de brumário de Luís Bonaparte** – Karl Marx
1331.**Um jogo para os vivos** – Patricia Highsmith
1332.**A tristeza pode esperar** – J.J. Camargo
1333.**Vinte poemas de amor e uma canção desesperada** – Pablo Neruda
1334.**Judaísmo** – Norman Solomon
1335.**Esquizofrenia** – Christopher Frith & Eve Johnstone
1336.**Seis personagens em busca de um autor** – Luigi Pirandello
1337.**A Fazenda dos Animais** – George Orwell
1338.**1984** – George Orwell
1339.**Ubu Rei** – Alfred Jarry
1340.**Sobre bêbados e bebidas** – Bukowski
1341.**Tempestade para os vivos e para os mortos** – Bukowski
1342.**Complicado** – Natsume Ono
1343.**Sobre o livre-arbítrio** – Schopenhauer
1344.**Uma breve história da literatura** – John Sutherland
1345.**Você fica tão sozinho às vezes que até faz sentido** – Bukowski
1346.**Um apartamento em Paris** – Guillaume Musso
1347.**Receitas fáceis e saborosas** – José Antonio Pinheiro Machado
1348.**Por que engordamos** – Gary Taubes
1349.**A fabulosa história do hospital** – Jean-Noël Fabiani
1350.**Voo noturno** *seguido de* **Terra dos homens** – Antoine de Saint-Exupéry
1351.**Doutor Sax** – Jack Kerouac
1352.**O livro do Tao e da virtude** – Lao-Tsé
1353.**Pista negra** – Antonio Manzini
1354.**A chave de vidro** – Dashiell Hammett
1355.**Martin Eden** – Jack London

IMPRESSÃO:

PALLOTTI
GRÁFICA

Santa Maria - RS | Fone: (55) 3220.4500
www.graficapallotti.com.br